zuì hǎo de fāng fǎ dú táng shī
最好的方法读唐诗

第1册

王芳 著

人民东方出版传媒
東方出版社

王芳这个女子挺吓人

王为念

不知道从什么时候开始，有一个叫直播软件的东东被小孩儿们玩疯了，有一个57岁叫王为念的人也不甘寂寞，开始和九零后、零零后“抢水喝”。一会儿讲情感，一会儿唱老歌，礼物满屏飞，粉丝来了五万多，我那没有被社会淘汰的得意表情常常会挂在脸上。

有一天，一向低调的王芳说她也要直播了，并且要讲国学！她还说我们玩得太俗了。当时我的内心独白是：“唉，不了解市场的人啊，啥都敢说。”没想到的是，她第一次讲白居易就来了两万多粉丝！嗯哼，还不错，不过比老王还差点儿。可是第二次她讲李白，竟然来了近十万粉丝！后来她对着地图讲古诗词和地名，没想到竟然来了 90 多万粉丝！我蒙圈了！了解我的宝宝们都知道，后来我的直播越来越少，有的时候会坐在手机镜头前不知道该说些什么，甚至一度想放弃直播。

想想王芳这个女子挺吓人的，和她搭档了十年，录了一万多期电视节目，让我不能理解的是，在这十年的节目录制过程中，她从未在节目中吟过诗、秀过词，甚至一度我都觉得她也许跟我的文化背景差不多，都属于那种学识浅、聪明多，长了一个好脑壳的人。您说这一个人得有多大的城府，才能做到如此地不张扬……更让我没有想到的是，在去年我们开办的“第一训练营”的课堂上，她一会儿讲《将进酒》，一会儿讲《琵琶行》；一会儿李白，一会儿白居易；看着地图讲杜甫，打着快板儿背唐诗，我勒个去！

对了，打着快板儿背唐诗这事儿，我得说说。从小我就会打快板儿，几十年了，我从未想过快板儿和唐诗还可以搁一块练，我还发现用快板儿背唐诗确实大大地缩短了记忆的时间，还能增强孩子们的节奏感、提高背诗的兴趣。顺便说一声，用快板儿背唐诗完全是王芳的独家发明，她还发明了很多神奇的记忆法。这些记忆法，并不是今天的科研成果，而是在她身上早已得到过验证的神奇记忆法。

记得有一天，刘兰芳老师请我去 CCTV4，录制《中国文艺》栏目推出的《向经典致敬》系列节目。我想，刘兰芳老师请来的嘉宾，一定会提到岳飞。我对岳飞的印象，也仅限于当年刘兰芳老师的评书《岳飞传》中所传播的那些内容，时隔这么多年，我也忘得差不多了。出于对大师的崇敬，也是为了对观众负责，当然更是害怕在节目中说错话、丢了自己的人，我决定拨通王芳的电话。说明意图后，王芳当时就流畅地给我讲了一遍岳飞的故事，复杂的人物背景和坏人秦桧所背负的千古罪名，甚至包括岳飞哪年生、哪年死，都说得清清楚楚。后来我在节目现场的表现被刘老师夸了很久，今天我正式向刘老师说一声：“对不起！您看到我那些所谓的才华，其实有不真实的成分。”今天说出来心里就舒服多了。后来我问当时跟着王芳的助理，她是不是查资料了。助手说，那天芳姐工作的地方根本没有网络信号。听完我就很崩溃，对她更崇拜了。

讲完这个真实的故事，是不是觉得王芳确实有些过人的记忆能力呢？！所以我有理由认为她将可能成为中国教育史上的一朵奇葩。其实以上所说的很多事儿，虽然有些意料之外，却又在情理之中。接下来这段话绝对没有批评我爸爸的意思，却有点儿表扬她爸爸的意思。王芳有个好爸爸，用王芳自己的话说，她爸爸在她上中学的时候，就在她的脑子里装满了今天张开嘴就能说出来的知识！是她这个智慧的爸爸没有让她在应试教育环境中和别的同学一样，狗熊掰棒子边学边忘！她爸爸给她的这一切都变成了今天的一笔巨大财富，像一颗巨型炸弹一下子在我们面前爆炸了，让她身边的每一个工作人员感觉，和她在一起，像是文化水平整体下降了一大截儿。家长是孩子最好的老师，这句话在王芳的爸爸这里再一次得到了验证！

《最好的方法读唐诗》这套书，我有幸享阅了它带着温度的处女稿，让我这个有些阅读障碍的人一下子又爱上了读书。她独特的叙述角度和解析诗句时的故事导入法，让我和我身边的工作人员天天都在盼望着她的下一篇稿子快点新鲜出炉。真的不是捧她，真的是佩服她，由衷的那种。

非常希望这本书给中国孩子带来的是：不再惧怕国学的深奥和难懂，而是由衷地爱上国学，让学习国学成为一种时尚；让浮躁社会中的孩子们多一点诗人气质，少玩一点手机、iPad，多一些对祖国的热爱；让习总书记落实中小学教材要强化传统文化的要求，成为实现中国梦的重要途径！

超级简单学唐诗

卞在琛妈妈

从不愿意翻看古诗、不理解古诗表达的情感，到愿意阅读古诗并能够背诵，这个过程只能用神奇来形容，谢谢王芳老师给了我这种美好的感受，也让我发现唐诗与我的距离越走越近。

王芳老师在写这本书时采用了讲故事的方法帮助孩子记忆古诗。古诗背后的故事不仅对孩子，也对我们这代没有重视国学学习的家长意义非凡。书中对比的方法也让我受益匪浅，例如我读到王维《相思》这首古诗时，不但可以知道这首诗是写给李龟年的，而且还知道了杜甫在同样的年代里也写了一首诗赠给了李龟年，这样我一下子记住了两首诗。哈哈，这是一件多么划算的事情！

我觉得这个过程就如同记忆一个数学公式，可能特别枯燥，但多做几道应用题是不是记忆就比较深刻了？唐诗如同数学公式，王芳老师的故事就是应用题，原因、结果和过程都有了，想忘记是不是也不容易？所以值得一读，更适合亲子阅读！

简单不简单

孙浩棋妈妈

读了王芳老师的这本书，我不禁感慨："如果我的老师当年这样讲唐诗，我是不是早就爱上背唐诗了？如果每个老师都能这样讲课，哪个孩子会不爱听呢！"

搞文字的人都明白，要把知识讲得通俗易懂是最难的事情！一遍遍地修改、校对，成就了这本语言简单、平实、接地气的好书，但可以想见，成书背后王芳老师付出的努力绝不简单！正是因为王芳老师无比的用心，使得每篇文章读起来感觉就像是跟好朋友聊天。文中将诗歌创作的背景与历史、地理、文学知识巧妙融合，让人拿起书来轻松读，放下书来还能记住，我觉得这是最难能可贵的。

最适合亲子共读的唐诗书

赵博宇妈妈

我从小语文就学得不好，尤其是古诗词，感觉真是难极了。有孩子后开始关注教育，了解到阅读，尤其是阅读古诗词的重要性，于是尝试带着孩子阅读。可因为自身基础不好，自己都不感兴趣，也就不可能激起孩子的兴趣来。直到遇到王芳老师，她的新作《最好的方法读唐诗》让我爱不释手。这本书通俗易懂、接地气，让步入中年的我重拾学好古诗词的信心，小孩子也很容易读懂，太适合亲子共读了。芳姐通过讲述故事让我们了解作者及写作背景，理解诗意后再背就轻而易举了。感谢芳姐的好方法，我老公都开始对我刮目相看了。

走进唐诗的百花园

陈薇伊爸爸

听芳姐讲古诗，似乎在听一位可爱的邻家姐姐与你促膝长谈，不枯燥、不乏味，语言朴素却不直白，通俗易懂中又透着俏皮可爱。很感慨，若是我的童年中有一本这样的书，那一定会成为我生命中最美好的回忆吧。

这也是一本不甘于湮没在浩瀚书海中的作品。

作者用她的才气，用她古典文学的深厚底蕴，更是用一位母亲的拳拳母爱，以委婉细腻的文笔、清新流畅的解说，为我们勾勒出一幅幅唐诗的美妙图画。

她似在谈诗词，又似在讲故事。她不拘泥于对古诗词字面意思的理解，也不是传统意义上的简单赏析，而是一种风格独特、感情丰富的散文随笔。一首首唯美的古诗后面是一段段经典震撼的往事。随着她的娓娓诉说，我们了解了孟浩然的命运，体会了王维的相思，领略了班婕妤的幽怨……巧笑倩兮的嫣然，九死未悔的凛然，无可奈何的惘然，都让我们不由得感叹：原来古诗的后面，有这么多的故事！读过不少的诗歌鉴赏，今天，这本书让我有了相见恨晚的感觉。

原来，这不单单是写给孩子们的一本书，也是写给我们所有人的，让我们在她的引领下，走进唐诗的百花园，去品味、去欣赏，荡涤心灵，开启智慧，在中华民族优秀的传统文化中去养育我们的人文精神，涵养滋润我们的心灵。

有了唐诗思维导图，这下不混乱了！

周士博妈妈

每每让孩子背诗，孩子都觉得很枯燥难懂，不爱背！可是他听了王芳老师讲的《将进酒》，只用了三天时间就背诵下来了。有机会拜读了王芳老师的《最好的方法读唐诗》，不禁心头一亮，这正是我想要的一本书！书中详细地讲解了每首诗的背景、历史，用轻松幽默的语言讲明白了诗人的朋友圈，而不只是我们小时候学习的生卒年月、字号，让我们仿佛回到了诗人生活的年代，随着他们的喜怒哀乐而开心、悲伤，真是送给孩子学习国学的一本好书！最牛的是唐诗思维导图，让我和孩子一下子弄明白了诗人之间的关联，真是学习唐诗的神器！

最通俗的唐诗启蒙书

任哲磊妈妈

这本书通过对唐代诗人人生际遇的生动描述和对相关历史的轻松讲解，使唐诗中的人物变得鲜活，背景显得清晰，使深奥的唐诗更加易懂、易记、易理解。本书知识面广，内容丰富，通俗易懂，形象立体，以点带面，是儿童不可多得的一本启蒙好书。

一举多得的好方法

解逸妈妈

教育孩子是每一位家长都很头疼的事，自从读了《最好的方法给孩子》，芳姐的一些小窍门就给了我的孩子很大的帮助。有了好的方法，才能有好的学习习惯，有了好的学习习惯，孩子就会爱上学习。包中宝让孩子的书包不再杂乱无章，潘多拉的盒子让孩子养成了每天用零碎的时间学习的习惯。孩子感谢我，我要感谢芳姐！

《最好的方法读唐诗》是芳姐给我和孩子的又一个惊喜。我和孩子真的很幸运，能遇到这么好的老师！

这本书给我的感觉是，每一首唐诗就是一个历史故事，在了解故事的同时很轻松地把唐诗就背下来了，我相信孩子一定会喜欢的。因为每个孩子都喜欢听故事，而且在听故事的同时又了解了诗的含义，了解了历史。这真是一举多得的好方法。

亲近国学，找寻唐诗学习的趣味

吕香一妈妈

对于孩子们来讲，能做到“熟读唐诗三百首，不会作诗也会吟”已经是亲近国学的重要一步，但除了掌握这些遣词造句的技巧之外，学会像诗人一样深入生活，在生活中捕捉题材，提炼意境，深化主题，是在朗读诗歌、诵读经典国学之外的更深一层内涵。

王芳老师这本书就是用孩子们看得懂的语言融会贯通，让孩子们在了解和懂得的基础上，构建这充满童趣、智慧的关联，将离我们日益远去的圣贤经典与我们现代人（包括孩子）可以理解的凡尘俗世联系起来，让孩子们从一代乐师身上了解王维《相思》背后的友情，体会杜甫繁华落幕之后的悲哀（《江南逢李龟年》），感叹为何能写出“黄沙百战穿金甲，不破楼兰终不还”豪迈诗篇的王昌龄还可以写出细腻的闺怨诗。

一首首貌似毫无关系的唐诗在王芳笔下被串联起来，变得生动活泼了起来。这种学习古诗的方法又何尝不是在引导孩子们探索蕴含在古诗文经典中的中华历史文化知识，扩充孩子们的知识面，激发他们的创作灵感与思路。有了这些背景知识，有了这些名篇佳句，有了这样的学习方法，何愁孩子们将来写文章时不文思泉涌、出口成章！

学史可以看成败，学诗可以情飞扬

季思涵妈妈

拿到芳姐的书稿后，我迫不及待地读了一遍又一遍，除了替现在的孩子们能读到这样的好书感到幸福与幸运之外，更多的是被王芳老师继承发扬中国传统文化的大爱和高度的社会责任感所深深地感动和折服。

王芳老师把她渊博的学识和对婉儿教育的成功经验都无私地奉献在这本书当中。她并不是单纯地解读唐诗的表面意思，而是结合诗人生平、写作风格、创作的时代背景、历史事件以及地理知识，以妈妈给孩子讲故事的形式把唐诗的深层内涵呈现出来，口语化的语言风格非常通俗易懂，一下子就抓住了孩子们的心。

试想如果学校里的语文老师都像王芳老师这样讲古诗，还有哪个孩子会对古诗文没兴趣？另外，从书中还可以看得出王老师是一个特别善于总结与归纳的人。这本书真的是孩子学习古诗的利器，是语文老师教学的好帮手。

摄影／刘亮 汪正影业

目录

李白

杜甫

王维

裴迪

摄影 / 刘亮 汪正影业

会读诗的孩子气质好

写这套书，我好紧张啊！

做主持人这个职业有20年了，似乎一直不知道什么叫紧张，只要让我站在舞台上，那种自信的感觉就来了。可能正因为这样，我才一直特别喜欢尝试新东西，希望不断去挑战自己。

这次，我是真的挑战自己了，竟然要写一本关于唐诗的书。

要知道，中国的国学博大精深，多少前辈研究了一辈子，我这个“资深爱好者”怎么敢动手写关于唐诗的书籍，我的胆子也太大了吧？

我是喜欢唐诗宋词的，喜欢到什么程度呢？就是只要看到一首不熟悉的诗词，就会去查来源、查作者、查典故，看得多了，背得多了，就开始自己总结方法，喜欢把几个人的诗，或者几首相关联的诗放在一起给孩子讲。

最初是给我女儿讲，后来我创办了“第一训练营”，有了很多学生，没想到很多孩子都喜欢听，渐渐地我拥有了一批忠实的小粉丝，每周都来听我讲唐诗宋词。在讲课的过程中，我发现，现在孩子的工具书都比较高端，很多版本的唐诗选都需要有一定的历史、地理基础，否则看起来有难度，于是我就突发奇想，干脆自己写一本吧！

我是个实干派，有了想法立刻就动笔，当天晚上就写了一万多字，特别有兴趣。白天每天录制三场节目，晚上回家，女儿睡着了，我一个人翻开各种唐诗的书籍，找线索，写文章，经常写到夜里三点都没有困意。

但是很快我就发现这件事情太难了，比让我去主持春晚都难。当然，我这辈子肯定也没有机会去主持春晚了，个子太矮，哈哈。这本书要引用大量的历史知识、神话传说以及各种典故，好多都是没有定论的东西，甚至有很多学派，说法不一。我这个“门外汉”生怕哪里说得不对被人笑话，于是有段时间就停笔了，觉得这件事情实在太难，不做也没人说我，做了弄不好得挨骂。

但是我的稿件悄悄地在家长群中被妈妈们传阅，最初我就是发给几个熟悉的妈妈看，后来看的人越来越多，各种评价真实地反馈回来，不断地鼓励着我。很多妈妈都说，看了我写的文章，重新爱上了唐诗，爱上了历史，但她们上学时真没觉得这么有意思。一个人说，我没当回事，很多人都这样说，我突然被感动了。作为一个主持人，我的节目改变了很多人；如果作为一个唐诗的传播者，哪怕有一群孩子因为我而爱上了国学，一群家长因为我的文字开始重视国学，那么，挨骂我也值了。

况且，我只是想写写唐诗启蒙的方法，就争取写正确呗。

于是，我更加努力，每一个典故都找很多书去查找，尽量不使用网上的答案，因为我不敢肯定是正确的。将近一年的时间里，我几乎没有好好睡过觉，经常为了一个字半夜惊醒，然后翻书查找。

如今总算写出来这些文字，说实话，我很紧张，如履薄冰。我知道我再小心也有可能会出现失误，所以也恳请亲爱的读者朋友允许我和你们一起成长，万一有纰漏，大家及时告诉我，我一定虚心接受，努力改正。真心感谢老天给我一次研究唐诗的机会，越写越觉得自己渺小，学无止境，继续努力！

接下来我要问问大家，你印象中的唐诗是什么样子的？会不会感觉有点枯燥、有点生涩、有点不好理解？如果是这个样子的，那么，太好了，恭喜你碰到了我，从此你就会发现爱上了唐诗，因为用我的方法学唐诗，老简单了，老有意思了！

“腹有诗书气自华”，这是我特别喜欢的一句话，意思就是肚子里的诗书多了，气质就不一样了，哪怕没有钱，哪怕生活艰辛，但是在人群中你一定是那个气度超凡的人。注意，关键看气质。

好啦，各位气质帅哥、美女，现在和我一起走进唐代的书生生活吧！

在外国人眼里，中国的唐朝是可以代表中国的。你看，外国人把具有中国元素的衣服叫唐装，唐朝的唐；把海外中国人聚集生活的地方叫唐人街，唐朝的唐；而在很多国家，甚至称中国人是唐人。这一切都是与唐朝曾经的繁荣昌盛分不开的。唐代，是从公元 618 年开始的，它的上一个朝代是隋朝，隋朝名气很大，但是寿命很短，只有 37 年历史，和大唐朝没有办法比啊！唐朝结束于公元 907 年，在这将近 300 年的历史中，给中国带来了巨大的影响。

这么伟大的朝代，给后人留下的最重要的精神财富就是唐诗，那么作为唐人的后代，我们当然得把唐诗搞明白。研究了一段时间唐诗，我发现了一个特别好玩的事，原来很多诗人都是一个朋友圈的，比如李白和杜甫是朋友，杜甫和王维是朋友，王维和孟浩然是朋友，孟浩然和王昌龄是朋友，他们互相赠诗，共同出游，谱写了一首又一首伟大的诗歌。但这个朋友圈却常常把小朋友搞糊涂了，因为不了解诗人背景，经常张冠李戴，把诗背错，而我的方法很简单，就是给你讲故事，讲大唐的故事，讲这些诗人的故事，在不知不觉中让孩子甚至是家长爱上唐诗，爱上我们自己的文化。

咱们是中国人，自己的文化都没学明白，天天背英语，然后一帮老外努力研究我们的唐诗宋词，呵呵，这样就叫本末倒置了。那么诵读了很多唐诗后有什么好处呢？当然好处很多，要不然为啥习总书记要求中小学要加强经典诵读呢，为啥现在中高考语文学科越来越重要呢？其实除了这些，还有很多显而易见的好处。

会读诗的人，理解问题是不一样的。

普通人看到下大雪了，会说："哎呀妈呀，这雪太美了！"诗人岑参是这样说的："忽如一夜春风来，千树万树梨花开。"

我们教孩子学习，她学不会，我们会说："不着急，慢慢来，我一点点教你，不信你学不会！"如果用杜甫那句"随风潜入夜，润物细无声"会说得更形象。

中秋节赏月，我们会感叹："月亮真圆，真亮，真好看！"唐诗中张九龄是这样说的："海上生明月，天涯共此时。"宋词中苏轼说的是："但愿人长久，千里共婵娟。"

心情不好时，遇到同命人，唐诗中白居易说这是："同是天涯沦落人，相逢何必曾相识。"借酒消愁，李白更有名句："抽刀断水水更流，举杯消愁愁更愁。"想念家乡时，崔颢说："日暮乡关何处是？烟波江上使人愁。"想念亲人时，王维写："独在异乡为异客，每逢佳节倍思亲。"

都知道站得高才能看得远，同样的观点，王之涣说："欲穷千里目，更上一层楼。"杜甫说："会当凌绝顶，一览众山小。"

这每一句，我都为它们心醉，套用现在流行的一句话，诗人真是太有才了。

在这套书中，我尽力把每一个诗人原原本本地呈现在同学们面前，你们读着故事，不知不觉就发现自己爱上唐诗了，我最期待的是爸爸妈妈和孩子一起阅读，共同探讨，让唐诗和唐史成为我们家庭中新的共同语言。

此时此刻，我怀着紧张的心情，把我的作品送给我最爱的孩子们，希望这本书能够带领你们走进美妙的唐诗世界！

李白同学不简单

李白，一个风流潇洒的男人，一个好交朋友的男人，一个颇不得志的男人，一个诗人，一个剑客，一个饮者，一个影响了所有中国人的唐代书生。

我的这套书第一册就是以李白同学为坐标轴，这是学习唐诗的窍门。学诗时，可以将你最喜欢的某位诗人作为参照，然后辐射到周围与他关系紧密的其他诗人，这样就可以积累更多的好诗作了。很多同学读过我的上一本书《最好的方法给孩子》，可能知道王芳阿姨是个特别爱想办法的妈妈，这套书也完全是讲如何用窍门和故事来学习。只要你喜欢听故事，那么你就会背唐诗；搞定了很多唐诗，你的理解力就好，注意力也不会差，因为背诵是最锻炼专注力的事情。哇，我仿佛看到了你的未来，是可以轻松学习的学霸啊！

首先我来讲下谁是李白。大家了解了李白这个人，再去看他的诗歌，与你原来直接背诗的感受是完全不一样的，超级简单，还记忆深刻，一辈子都忘不了。唐诗的代表人物首推李白，以他的诗作为参照，几乎可以涵盖盛唐时期的全部唐诗。

李白出生于约公元 701 年，这个年代大家一定要记清楚，因为我们这本书就是以李白的出生年代为坐标轴，所以当我们讲到其他诗人的时候，大家只要记比李白的年纪大还是小就可以了。公元 701 年，正是中国兴盛的时期，当时的皇帝是我们中国历史上著名的一代女皇武则天。只可惜到了李白五岁（公元 705 年）的时候，唐中宗李显复位，恢复大唐国号，那一年年底，武则天便与世长辞了，所以李白和武则天的生活圈子是没有交集的。

李白是哪里人呢？众说纷纭，郭沫若先生认为李白出生在中亚碎叶城，在今天吉尔吉斯斯坦境内，但这个地区当时是唐代的安西都护府辖区，所以要记住，李白不是外国人哈。五岁时，他随爸爸到了四川，在四川长大。由于从小饱读诗书，李白早年就展示了不凡的才华。按照当时的观念，文人读了万卷书，必须再行万里路，这才叫精彩的人生。到了 18 岁，李白辞别了父母，开始云游天下，当然这个阶段他还没有任何名气，只能在附近溜达溜达，主要是在四川省境内。走了六七年之后，有经验了，关键是也有点名气了，他才开始真正地结交朋友，行走天下。在路上，李白不但写出了大量脍炙人口的诗歌，而且结交了很多朋友，比如杜甫，比如孟浩然，比如王昌龄。盛唐时期重要的诗人多是李白的朋友，那个时代没有微信朋友圈，要不然李白的朋友圈得多豪华啊！

我其实很羡慕李白同学，用今天的话说，他的人生就是诗歌加美酒加旅游，到哪里都有人埋单，还有人排队请客。可这些在“诗仙”李白看来却并不如意，他一辈子都想当官，写了很多推荐自己的信，但是并不是特别有效，总是没有人重用他，所以李白很多诗中都有怀才不遇的情绪。难能可贵的是，所有诗的最后几句，李白同学又都能转回到希望上，让人感觉他超级乐观，豪气冲天。

年轻时候到处溜达，很有才华的李白当然得写诗，经常看到眼前的美景就会诗兴大发，来上一首。今天我们先来看一首历史上很多大文学家都喜欢的诗：

扫一扫，
听王芳为你读诗

dù jīng mén sòng bié
渡荆门送别

李白

dù yuǎn jīng mén wài　　lái cóng chǔ guó yóu
渡远荆门外，来从楚国游。

shān suí píng yě jìn　　jiāng rù dà huāng liú
山随平野尽，江入大荒流。

yuè xià fēi tiān jìng　　yún shēng jié hǎi lóu
月下飞天镜，云生结海楼。

réng lián gù xiāng shuǐ　　wàn lǐ sòng xíng zhōu
仍怜故乡水，万里送行舟。

荆门：即荆门山，位于今湖北宜都西北长江南岸。地势险要，战国时是楚国的战略门户。
从：往。
大荒：指广阔无际的原野。
故乡水：指从四川流来的长江水，李白从小生活在楚地，所以称“故乡水”。

看到这首诗的时候，同学们首先要明白李白当时是在什么情况下写的这首诗。李白 25 岁那年，决定离开蜀地，也就是四川，到别的地方去看看。李白选择的是水路，经渝州（今重庆），出三峡，直向荆门之外驶去，第一目的地是湖南、湖北。他为什么要去湖南、湖北呢？因为这是一条好走的路线。蜀道难，难于上青天，一般古人出蜀都会选择水路。

说到楚国，我们回溯到战国时期。看这本书的孩子和家长可能有很多听过我“第一训练营”的课程，我很喜欢讲战国的历史。当时战国有七个国家比较厉害，齐、楚、燕、韩、赵、魏、秦，最后秦始皇把六国给灭了，才统一了中国，成为中国历史上第一位皇帝。大家可以查一下战国时期的地图，楚国是绝对的大国。当时楚地的文化活动很丰富，出了像屈原这样伟大的文学家，后来西汉有个叫刘向的，编辑整理出了《楚辞》，里面以楚国人屈原的作品为主，还有其他文学家写的类似的诗歌。《楚辞》是中国文学史上第一部浪漫主义的诗歌总集，如果你去读《楚辞》，就会发现里面的“兮”字好多啊！这样看来，在战国时期，楚国文化还是很牛的，这不，吸引着李白同学乘船来游览了。

《渡荆门送别》的第一句第二句是：“渡远荆门外，来从楚国游。”

李白坐着船来到了荆门山，现在大家可以拿来地图，在上面找下荆门山在哪里。你先在中国地图上找到湖北，然后在湖北找到宜都市，荆门山就在宜都。从四川到荆门山，确实挺远的，所以这两句：“渡远荆门外，来从楚国游”写的是“我”坐船来到了离家乡很远的荆门外，这里曾是战国时期的楚国吧，“我”李白来啦。

第三句第四句：“山随平野尽，江入大荒流。”

这两句写景还是很有气势的，他说船走着走着山逐渐消失了，眼前是一望无际的低平的原野。“随”字用得太准确了，感觉山动起来了。然后江水翻腾，仿佛远远地进入了开阔的原野。我读这句诗的时候眼前充满了画面啊，好像我自己也坐着小船随李白一起来到荆门。

第五句第六句："月下飞天镜，云生结海楼。"这两句是说晚上月亮照在水面上，宛如天上飞来一面明镜。最让人难以忘怀的是这里的云彩一层一层的，变化无穷，好像海市蜃楼啊。这不就是人间仙境嘛！其实前面六句写得活灵活现，如果是一般的诗人写的，可能也就是一首不错的咏景色的诗了，但是它的作者是李白，才在最后两句写出了千古名句，更加出彩。

最后两句诗人点题了："仍怜故乡水，万里送行舟。"这首诗名字中有"送别"，唐诗中凡是此类诗，均为送友人或友人相送的，但此诗只有李白一人，并无送行之人，所以古代不少评论家认为题目中"送别"这两个字是后人不小心加上去的，这是没有理解李白诗的意思，其实，李白此诗是把"故乡水"拟人化，是故乡之水一直到荆门山送别李白，古人送别不像现在的人，都是挥手说再见就了事，有的感情很深的朋友会送行很远。荆门山之外已是楚地，故乡之水一直把李白送到了这里。知道了这一点，再看最后一句已明白李白的意思了。"怜"字是"怜爱"的意思，这两句诗的整体意思是：这里的景致很美，但"我"依然更爱故乡的滔滔江水，它恋恋不舍地一路送"我"远行！

看了这首诗的解释，你们会不会觉得一下子好记了？从现在开始，我们也要更多地了解李白了，因为流传到今天的李白的诗有一千多首，此外肯定还有丢失的、毁坏的，这样想来李白真是高产的作家了！

李白和李隆基是亲戚吗？

李白活了 62 岁，前一篇我说过，他生于约公元 701 年，是在公元 762 年去世的。这里要说明一下，古人一般都说虚岁，就是在自己的实际年龄上加一岁，我觉得很合理，因为妈妈十月怀胎，也算一岁。现在看来这个年龄不算高寿，我估计这和喝酒有很大关系，您想想，他整天喝酒，那肝脏能受得了吗？

李白这一生中，有一个男人对他影响深远，这个男人就是李白所处年代在位最久的皇帝。以前我说过，李白五岁时武则天去世，等李白长大了，当皇帝的就是武则天的孙子李隆基了，这个人在历史上的地位举足轻重，而且还娶了中国古代四大美女之一的杨玉环。

李白去世的那一年，唐朝发生了很多事，李隆基也是在同一年去世的——公元 762 年。其实我们读唐诗，一定要了解唐史。很多同学一听“历史”这两个字就觉得很枯燥，不过在我心中，历史是这个世界上最有意思的学科，不信你们听我讲讲李隆基。

首先要了解李隆基和武则天的关系。武则天是中国历史上著名的一代女皇，之前也有一些女性在朝中掌权，但是还真没有哪个女性敢堂堂正正地当皇帝，武则天是第一个。李隆基是武则天的亲孙子，就是武则天的儿子的儿子。既然是亲孙子，那皇位一代代传给他不是正常嘛。我得说，这个皇帝当得太不容易了，明争暗斗，你来我往，那真是得拼命，还得有胆识，才能战战兢兢坐上皇帝的宝座，我认为李隆基这个人不简单。

读唐朝的历史，有一段皇帝排序是非常有意思的。在我们的印象中，一般都是一个皇帝去世了，然后他的儿子即位，而在武则天前后，皇帝的顺序表是这样的：中宗——睿宗——武则天——中宗——睿宗。中宗和睿宗都是武则天的儿子，为什么会有这么神奇的排位法呢？说简单点就是武则天的丈夫去世以后，太子李显即位，史称中宗，但是当时的武则天已经实际掌握了大权，中宗没干几天，就被武则天找个原因给废了，从此中宗远离朝廷，被贬到湖北房州十几年。武则天废了中宗的目的肯定是想自己当皇帝啊，但是她知道自己一来是个女人，二来也不姓李，猛然当皇帝怕大家反了，于是迂回了一下，把另一个儿子李旦弄回来当皇帝，史称睿宗。李旦明白自己的处境很糟糕，母亲不过是把自己当作一个傀儡，不会放实权给自己的，所以这个皇帝当得很憋屈，生怕说错一句话做错一件事，被母后给杀了。

只要有权力的地方就有明争暗斗。当时宫中的情况很复杂，武则天的野心都已经写在脸上了，她就是要自己当皇帝的，李旦便多次向武则天表示，希望由母亲来管理国家，并说自己和母亲相比能力实在差得太远了。这种表达正是武则天所需要的，再加上很多大臣也知道实权在武则天手里，就安排了一些普通百姓写信，说希望武则天当皇帝，感觉好像是众望所归一般。武则天终于在公元690年如愿以偿地当上了皇帝，定洛阳为都城，国号“周”。这里一定要说下“国号”和“年号”的区别，国号就是指国家的称号或者一个朝代的称号，年号是中国古代皇帝用于纪年的名号。国号对于一个朝代来说是不变的，一般由开国皇帝定。一般新皇帝都有自己的年号，而且一个皇帝在不同时期可以有不同的年号，比如武则天，当了皇帝以后就用过 13 个年号。

要说武则天这个女人确实能干，她当皇帝的日子里，日理万机，国家最初治理得也不错。可是十几年后，到了她的晚年，就比较荒淫了，任人唯亲。

当时武则天最担心的一个问题就是由谁来即位，她甚至希望是一个姓武的人来即位，那就只有她哥哥的儿子了，可是这个侄子不学无术，最多也就是个没本事的官二代。但是如果不让他即位，就只能在李家的儿子里找了。武则天自己生的李家的儿子此时只剩下李显和李旦，也就是中宗和睿宗了。

武则天对李旦渐渐地有提防了，因为他出奇的冷静。史传有一次李旦的两个妃子去拜见武则天，因为武则天哥哥的儿子武承嗣说了她们的坏话，武则天直接就把那两个妃子给杀了，再没有回去。这么大的事，李旦竟然都没有来问过武则天，按说怎么也得去要人吧。但是他再次拜见母后的时候，一个字都没有提，因为他知道问了也没有用，武则天是什么人，只要她想做的事情，谁也拦不住。但是武则天心里面开始嘀咕了："这个儿子太沉得住气了。"武则天对未来充满了担忧。而这个时候李旦和太平公主，在宫中权势颇大，政权之争越来越凸显。后来在狄仁杰等大臣的建议下，武则天找了个机会又把李显弄回了洛阳，重新立为太子。

看到这里，大家会不会觉得当时的唐朝皇室好乱啊！

最后在武则天 82 岁的时候，太子李显和宰相张柬之等人发动了政变，李显再次称帝，武则天被迫退位。中宗李显立年号"神龙"，所以这一年也被称作"神龙元年"。这一年年末，武则天去世。

武则天之后的皇帝是中宗李显。

中宗去世之后，他的皇后韦后也希望效仿她的婆婆武则天掌握大权，立中宗幼子李重茂为帝，史称唐殇帝，改年号"唐隆"。不过这个 16

岁的小皇帝没做几天，就被李隆基等人发动兵变给整下来了。

李隆基是李旦的儿子，公元710年他和姑姑太平公主发动“唐隆政变”，政变的结果是睿宗李旦回来当了皇帝。这个时候这一段皇帝的排序就变成了开始我说的那样：中宗李显——睿宗李旦——武则天——中宗李显——睿宗李旦。

公元712年，李隆基的爸爸睿宗李旦将皇位传给他，李隆基正式当上了皇帝，史称唐玄宗，也称唐明皇。

李隆基这个人很有艺术修养，喜欢有才华的人，比如他喜欢张九龄、李白、王维、李龟年等大才子。

李白一辈子都想当官，那个时代，有钱不是人生的最高境界，当官才是。他不断地努力，终于在40岁出头时有个机会进翰林院了。翰林院是唐朝才开始有的一种机构，是为那些精英知识分子供职而设立的。进翰林院对于当时的文人来说，几乎是最高荣誉了。李白进入翰林院成为待诏，也就是李隆基什么时候诗兴大发了，召李白来，现场作诗几首，让皇帝高兴一下，这就是李白在翰林院的最重要的工作。

有一次，李隆基和杨玉环春日赏牡丹，突然觉得配上诗歌就更美了，立刻召见李白。李白来了之后，看到眼前的景色，挥笔写下了《清平调词三首》，第一首我比较喜欢，大家可以背下来：

扫一扫，
听王芳为你读诗

qīng píng diào cí sān shǒu

清平调词三首（其一）

李白

yún xiǎng yī cháng huā xiǎng róng chūn fēng fú jiàn lù huá nóng
云想衣裳花想容，春风拂槛露华浓。

ruò fēi qún yù shān tóu jiàn huì xiàng yáo tái yuè xià féng
若非群玉山头见，会向瑶台月下逢。

清平调：一种歌的曲调。
华：光明、光彩，指露珠明亮而有光彩。
若非……会向……：相当于“不是……就是……”的意思。

第一句一定要记得，衣裳的“裳”这里读“cháng”音，古代指遮蔽下体的裙子。“想”，是“像”的意思，“云想衣裳花想容”意思就是美人的衣服和裙子像云朵一样飘逸，美人的脸庞如花朵一样姣好。这里的美人当然是说杨玉环。这个“想”字还有一个解释，就是“羡慕”，意思就变成了美人的衣裙美得连云都自愧不如，美人的容颜让花也自惭形秽。大家都知道杨玉环很美，用花形容真是准确，以云和花来比喻杨玉环，估计皇帝也高兴死了。

第二句“春风拂槛露华浓”，字面意思是说，春风吹过栏杆，牡丹花沾着晶莹的露珠更显得艳丽。就是继续夸杨玉环呗，因为写花其实是在写人，所以这首诗里所有夸花的、夸景的都是在说杨玉环的美。

第三句第四句里出现了两个地名：群玉山，传说中西王母住的地方；瑶台，传说中西王母在昆仑山的宫殿。李白说“若非群玉山头见，会向瑶台月下逢”。这样的倾城之貌，如果没有在西王母居住的群玉山见到，那就只能在月下的瑶台与她相逢，反正就是各种夸杨玉环呗。这几句诗后来也常常用作赞美漂亮女子，如果你觉得一个女孩好看，就夸“云想衣裳花想容，春风拂槛露华浓”。哇，太有文化了，立刻让人刮目相看。

李白这首诗写得精美绝伦，我自己非常喜欢，台湾歌手邓丽君以及内地歌手王菲都曾经把这首诗唱了出来，说明大家都很喜欢。

李白写给杨贵妃的诗

前边我们讲了李白在翰林院工作的时候，有一天被唐明皇李隆基召见，进宫作诗。当时李隆基和杨玉环正在赏牡丹，李白看到眼前美景，提笔一口气写下了三首诗，起名《清平调词三首》。第一首就是上一篇我讲过的“云想衣裳花想容”那首，第二首和第三首也是一样的，都是赞美杨玉环的诗。话说李白这样的诗人也不能免俗，连写三首诗让皇上开心。当然我们也得理解李白，毕竟能给皇帝写诗，已经不是一般人能做到的事情了，再说他还给我们留下了这么美好的精神财富。

来看《清平调词三首》中的第二首：

清平调词三首（其二）

qīng píng diào cí sān shǒu

李白

yì zhī hóng yàn lù níng xiāng yún yǔ wū shān wǎng duàn cháng
一枝红艳露凝香，云雨巫山枉断肠。

jiè wèn hàn gōng shuí dé sì kě lián fēi yàn yǐ xīn zhuāng
借问汉宫谁得似？可怜飞燕倚新妆。

妆：修饰打扮。

第一句：“一枝红艳露凝香”，字面意思是：一枝娇艳的红牡丹，沐浴着雨露，散发着芳香。但这句话是赞美杨玉环的，就是说杨玉环啊，您不但漂亮，而且香气袭人。这种香气，我理解不是说鼻子闻到的那种香味儿，而是一种感觉，香艳四射的感觉。反正就是吹嘘杨玉环的美丽呗，让皇帝高兴。

第二句：“云雨巫山枉断肠”，这句话的意思是，皇帝有了杨玉环，就再也不会因为想念神女而自己悲伤。这里面有个典故，楚襄王曾经梦到巫山的神女，他跟神女在一起很快乐。梦醒之后，希望自己能再次在梦境中见到这个美丽的女子，可惜再也没有梦到，非常痛苦。而在李白的诗中，这句话的引申意思就是神女也不如杨玉环美呗，这句话不但皇帝喜欢，杨玉环也喜欢。

第三句第四句要一起解释："借问汉宫谁得似？可怜飞燕倚新妆。"字面意思是：我要问一问汉宫佳丽谁能与她媲美，就算是赵飞燕也要靠精心化妆才行。这里又有一个用典，就是赵飞燕的故事。来说说赵飞燕，赵飞燕也是历史上的超级美女，因为她身材苗条，也因为李白的这首诗，所以经常把赵飞燕与杨玉环放在一起形容美女，那个词叫"环肥燕瘦"。"环"就是指杨玉环，"燕"就是指赵飞燕。赵飞燕是哪个朝代的人呢？她是西汉时汉成帝的皇后，特别会跳舞，而且传说身体轻盈得能站在宫人手托的水晶盘中起舞，就像飞舞的燕子，真是人如其名。

从《清平调词三首》中的第二首我们可以看出来，李白的知识储备还是很厉害的，他的诗里经常会出现古代人物和历史事件，说明他读的书很多。不过你们知道吗？李白小的时候读书也有不认真的时候，把书放在一边就跑出去玩了。后来他在小溪边碰到了一个老婆婆，老人家手里拿着一根大铁棍在石头上磨，李白就问婆婆，这是在做什么。婆婆说："孩子，我要把它磨成绣花针！"李白一听很惭愧。婆婆的行动在讲一个道理：只要功夫深，铁杵磨成绣花针。他觉得自己浪费时间，不好好读书太不应该了，于是回去好好学习，终于成为了一代大文豪。

当然，这个故事只是传说，具体是不是这样，我也不知道，但可以肯定的是，李白在少年时代一定很刻苦地读书了，要不然不可能写出来这么棒的诗句。

接下来，我们来看《清平调词三首》中的第三首：

qīng píng diào cí sān shǒu
清平调词三首（其三）

李白

míng huā qīng guó liǎng xiāng huān　cháng dé jūn wáng dài xiào kàn
名花倾国两相欢，长得君王带笑看。

jiě shì chūn fēng wú xiàn hèn　chén xiāng tíng běi yǐ lán gān
解释春风无限恨，沉香亭北倚阑干。

名花：指牡丹花。
解释：消除。
沉香亭：亭子名称，在唐长安城兴庆宫龙池东。
阑干：最早指用竹子木头或者其他东西编织的遮挡物，后来引申为纵横交错的样子。这里指栏杆。

第一句第二句："名花倾国两相欢，长得君王带笑看。"这里要解释下"倾国"，美人的意思。"倾国倾城"是一个成语，形容女子姿色美丽，让一座城甚至一个国家的人都为之倾倒。这个典故出自汉武帝时音乐家李延年的一首诗："北方有佳人，绝世而独立。一顾倾人城，再顾倾人国。宁不知倾城与倾国，佳人难再得。"这李延年说的大美人就是自己的妹妹，汉武帝听说了这首诗后，把他的妹妹纳为妃子，封为夫人。

李白诗中这两句的意思是美丽的花儿和绝色的美女都令人心情愉快，皇帝面带笑容地看着美人和花朵。这里绝色的美女当然也是指杨玉环了。很多人问李白这诗为啥每句都离不开杨玉环啊？这是因为当年大家都知道唐明皇李隆基特别喜欢杨玉环，李白好不容易有机会来给皇帝写诗，必须得让皇帝高兴啊。

后面两句："解释春风无限恨，沉香亭北倚阑干。"这两句诗的意思是斜倚在沉香亭北栏杆上的杨玉环，会永远受到皇帝的宠爱，二人的持久感情，消解去了春花难久的春愁。

《清平调词三首》在当时一下子让李白名声大震，因为在宫中给皇帝写诗，这可不是一般人有的待遇，而且三首诗把花和人写得那么融洽，没有一点刻意的痕迹，李白确实很有水平。

摄影 / 刘亮 汪正影业

喝酒确实耽误事

只要提起李白，必然得说说李白喝酒的事。因为李白著名的诗篇中有很多都与酒有关，要么诗中有酒，要么干脆是喝醉了写的。我在读李白的诗时，仿佛经常能闻到酒的味道，这个人好像喝了酒才有灵感。

李白的好兄弟杜甫同学也喜欢喝酒，但是比起李白就差很多了，杜甫写了一首诗，夸喝酒的人，叫《饮中八仙歌》，就是在杜甫的心目中八个喝酒特别牛的人，其中当然包括李白。喝酒好像在唐朝是一种风气，男人和男人见面，不喝点不像朋友，喝醉了才是哥们儿，这点直到大约1300年之后的今天，在一些地方依旧如此。不过李白因为喝酒也错过了很多大事，在我看来真的好可惜，可是话又说回来，没有酒，也许李白的诗中就没有那么多仙气。

杜甫比李白小11岁，按说他比李白年轻、身体好，应该更能喝，但是在那个朝代能喝过李白的人不多，不是说李白酒量好，而是他几乎不错过任何能喝酒的机会。杜甫在《饮中八仙歌》中这样写李白：

lǐ bái yì dǒu shī bǎi piān cháng ān shì shàng jiǔ jiā mián
李白一斗诗百篇，长安市上酒家眠。

tiān zǐ hū lái bú shàng chuán zì chēng chén shì jiǔ zhōng xiān
天子呼来不上船，自称臣是酒中仙。

杜甫的这几句诗我来翻译一下。李白同学很能喝酒，每喝一斗酒就能产生写上百篇诗的灵感。斗是中国古代的计量单位，唐朝的一斗的容量换算过来，大约为现在的2000毫升，也就是大约2公斤酒，4斤酒。唐代的酒可不是今天的白酒，酒精度数不高，喝掉4斤只怕不是难事，可李白喝一斗酒的工夫就文思泉涌、佳作频出，这是在夸李白才情高。再回到这首诗，说李白喝酒之后写了好多诗，在长安生活那几年，经常喝醉了在街上的酒家中就睡着了。后来皇上有召见之意，李白因为喝醉了不能前往，还自称是酒中的仙人。

这首诗是在赞美李白不畏权贵的性格，但是按照我对李白的了解，他这辈子一直希望在仕途上有所作为，怎么可能皇帝召见自己却不去呢？肯定确实是喝大了，把内心独白写脸上了，爱谁谁呗，估计酒醒了肠子都要悔青了。可是文人都要面子，干脆就硬撑下去，就是不畏权贵，就是桀骜不驯，起码在哥们儿面前有面子：你看我李白，皇帝的话都敢不听，你们敢吗？

其实李白喝酒是误过大事的。

前面我讲过，李白费了九牛二虎之力才进了翰林院，之前找了若干人推荐，后来还是李隆基的一个妹妹玉真公主向贺知章推荐了他，他才实现了自己的梦想，李白开心了很久。

李白到了40多岁才进翰林院，之前他一直很不得志，总是喝酒解闷。到了翰林院之后，他也没有改掉这个不良嗜好，今朝有酒今朝醉，经常都喝得烂醉，杜甫的诗中也写了，李白甚至晚上都回不了家，就睡在酒家。因为大家都知道他是李白，皇帝身边的红人，所以谁也不敢得罪他，他愿意睡哪里就睡哪里。

但是好景不长，皇帝李隆基受不了了。大家想想，谁敢在天子面前这么放肆？据说有一次，皇帝找李白来写诗，差使太监去找李白，结果李白喝得醉成一摊泥，根本叫不醒。最后没办法，给李白从头到脚浇了几桶凉水，李白强撑着写了几首。别说是皇帝不舒服了，身边的人都觉得过分啊，于是很多人也劝皇帝，赶紧打发了这小子，将来在皇宫里待的时间长了，知道的事情越来越多，还不知道出去会瞎说什么呢！

李白喝醉后不能控制自己的情绪，做过不少过激的事情，比如“力士脱靴”。李白在翰林院供职的时候，有一次唐玄宗召见他，让他给写诗，李白又喝醉了，趁着酒兴写得兴致盎然，然后就有点得意忘形了，举起脚来对唐玄宗的一个宦官高力士说：“脱靴！”要知道高力士在李隆基打天下的过程中出了不少力，所以李隆基对他非常好。这样一个深得皇帝赏识的人，被李白呼来脱靴，心里非常不乐意，但是看在皇上的面子上，高力士也给李白脱了。唐玄宗看到了这个场面心中不悦，李白因此而失宠。

李白在翰林院待了不到两年，就被皇帝打发走了。当然，他毕竟是李白，毕竟是给杨玉环写过《清平调词三首》的人，所以打发的时候很体面，还给了李白一些钱。

闹心归闹心，皇帝都发话了，李白得走啊，起码得暂时离开都城长安，也就是今天的西安。天宝三年，也就是公元 744 年，李白动身离京，走的时候，各路朋友争相前来送别。于是，在送别宴上李白写下了千古名作《行路难》，当时写了三首，被大家所熟悉的是第一首：

扫一扫，
听王芳为你读诗

xíng lù nán

行路难（其一）

李白

jīn zūn qīng jiǔ dǒu shí qiān　yù pán zhēn xiū zhí wàn qián
金樽清酒斗十千，玉盘珍羞直万钱。

tíng bēi tóu zhù bù néng shí　bá jiàn sì gù xīn máng rán
停杯投箸不能食，拔剑四顾心茫然。

yù dù huáng hé bīng sè chuān　jiāng dēng tài háng xuě mǎn shān
欲渡黄河冰塞川，将登太行雪满山。

xián lái chuí diào bì xī shàng　hū fù chéng zhōu mèng rì biān
闲来垂钓碧溪上，忽复乘舟梦日边。

xíng lù nán　xíng lù nán　duō qí lù　jīn ān zài
行路难，行路难，多歧路，今安在？

cháng fēng pò làng huì yǒu shí　zhí guà yún fān jì cāng hǎi
长风破浪会有时，直挂云帆济沧海。

《行路难》：乐府《杂曲歌辞》旧题。
樽：古代用来装酒的器具。
珍羞：名贵的菜肴。羞，通“馐”。
直：通“值”，价值。
茫然：渺茫而无着落。
太行：太行山，纵跨今北京、山西、河北、河南。
会：当。
济：渡，渡过。

这首诗同学们一定要背下来，因为它是李白写得最棒的诗之一。来看前两句："金樽清酒斗十千，玉盘珍羞直万钱。"这两句诗的意思就是金樽斟满了美酒，挺贵的，一斗要十千，玉盘中盛的是精美的菜肴，价值万钱。这是李白惯用的夸张手法，估计请李白吃饭的应该是个有钱人家，普通人家谁会用玉盘来盛菜，这么贵的饭一来说明李白的身份——上等人，二来为衬托下面两句，这么好的酒菜"我"都没有吃，说明心里有事。

第三四句："停杯投箸不能食，拔剑四顾心茫然。"李白什么时候还有主动停杯不喝酒的举动？只有这次。这两句的意思是，停下酒杯放下筷子，"我"心情郁闷啊！拔出剑来四处看看，心里一片茫然！箸就是筷子的意思，剑就是指宝剑。李白是著名的剑客，他从小学剑术，据说技术很不错。不过唐朝文人学剑术大部分不是为了防身，而是为了舞剑，佩剑也是一种身份的象征，就好比古代男子佩玉一样。

后面这两句很点题："欲渡黄河冰塞川，将登太行雪满山。"字面意思是"我"想渡过黄河，可是冰封住了河面；想去登太行山，结果漫山遍野的雪，也没有办法爬上去啊。这句话深刻地表明了李白此时的心情，郁闷啊，倒霉啊，走哪里哪里不顺，好不容易进了翰林院，皇上竟然把"我"打发了。

接下来的两句，李白从眼下的困境转开思绪，"闲来垂钓碧溪上，忽复乘舟梦日边。"这两句里讲了两个人物，前面一句说的是姜子牙姜太公，后边一句是讲伊尹。姜子牙是商朝末年的人，据说他活了 139 岁。他从小就有一个梦想，伴君王出征，但是一直没有机会，后来在 70 多岁的时候，他在溪边钓鱼碰到了周文王。周文王出去打猎，出门前卜了一卦，占卜的人说你今天出门猎到的不是猛兽，不是山珍，而是一个能帮你得到天下的人。周文王很高兴地出发了，真的在溪边碰到了姜子牙，于是请他上车，这就是"姜太公钓鱼，愿者上钩"的故事。从此他们开始征讨商纣王。最后姜子牙帮助周文王的儿子周武王得到了天下。所以在这首诗里，李白用了这个典故感叹人生，说以姜子牙的文韬武略，70多岁才可以出山，“我”李白不过才40多岁！“忽复乘舟梦日边”讲的是贤人伊尹的故事。伊尹很有谋略，当年辅佐商王灭了夏朝，是很著名的思想家、政治家。相传伊尹被重用的时候，做了一个梦，梦到自己坐船绕日月而过。李白此时写这个，就是想说自己还没有做这个梦呢，说明人生的机会往往来自偶然，世事无常。

接下来这12个字写得太好了：“行路难，行路难，多歧路，今安在？”人生在世，行路好难啊，好难啊，眼前歧路这么多，我到底该往哪里走？通过这几句，我们可以看出李白当时得有多郁闷、多迷茫。

不过李白就是李白，谁也不能替代，您看看他写的最后两句，真长志气！“长风破浪会有时，直挂云帆济沧海。”相信总会有一天，我能乘风破浪，坐一个大帆船奔向广阔的大海。云帆，就是指很大、很高的船帆，远远看去，这船上的帆和云都接起来了。为什么要坐大船，因为我有本事，有才华，就像坐着大船，可以乘风破浪。我估计当时李白就是想说：“兄弟们，你们等着，总有一天我李白会回来的，那个时候绝对扬眉吐气！”李白这里用了“长风破浪”的典故。南北朝时有个将领叫宗悫，悫读“què”。《南史·宗悫传》记载，他从小就有远大的志向，刻苦习武，他对他的叔父宗炳说：“愿乘长风破万里浪。”后来他真的成为一位赫赫有名的大将军。

这就是李白，一个充满浪漫主义的男人。

这就是李白，一个爱喝酒不悲观的男人。

也许再也找不到像李白这么爱喝酒还这么有才的男人了，千百年来，只有李白！

帮助你学习的两件神器

亲爱的同学们，此刻我正在从北京飞往哈尔滨的飞机上写这篇文章。今天下午，我们“第一训练营”秋令营刚刚结束，我还一直沉浸在兴奋中。这次秋令营只有四天半的时间，将近100个6至16岁的小同学接受了我的“魔鬼训练”。哈哈，说是“魔鬼训练”，其实就是我用特殊的方法亲自带了孩子们四天，让他们从一个个没有任何表演经验的小朋友，变成了一个个在舞台上表现自信的小朋友；而且每个孩子都可以学会快速背诵的方法，每人四天至少熟背20首经典作品。四天的训练，就让孩子们驾驭了一台将近两个小时的汇报演出。家长们看完我们的汇报演出，纷纷留言说：“太感动了，没想到孩子们进步这么大！”

每当这个时候，我就很有成就感。

看到那么多孩子因为我而爱上了国学，爱上了唐诗，爱上了表演，我觉得，累点儿值了。更重要的是，我在教学的过程中找到了很多神器，今天给同学们推荐两个。

第一个就是快板儿。说到快板儿，可能很多小朋友不是特别熟悉，它是我们中国传统曲艺的一个表演项目。现在的同学们会弹钢琴的很多，选择学习快板儿的并不是特别多。但是在我的眼中，快板儿绝对是学习的神器，它可以帮助我们背诵，可以让你更加专注，而且学好了还是一个很不错的才艺。快板儿左手板儿五块，右手板儿两块，七块板儿可以发出各种声音，通过学习你很快就会掌握不同的节奏。

那么为什么我说快板儿是神器呢？首先它很小，可以随身携带，在哪里都可以玩儿。其次，它很便宜，60 元就可以买一副不错的板儿了。我是从我女儿身上发现快板儿的神奇的。女儿从今年 1 月份开始学快板儿，当时我只是觉得她应该有个才艺，可以让她更加自信点。最初就是左右板儿单点，打着点儿背唐诗。这个是我的发明，因为我觉得唐诗很押韵，打着点儿很舒服。没过几天，我就发现打快板儿背唐诗很快，因为有个声音在响，小朋友就不容易走神儿，注意力特别集中，注意力集中背得就很快。而且因为板儿的节奏很均匀，所以中间你没有想的时间，一首八句律诗，很快就可以跟下来。更重要的是，快板儿给孩子壮胆了，孩子一个人往往不敢站在大家面前表演，有个声音孩子就觉得不孤单了。

就这样，女儿的进步是飞速的，她很快在快板儿中找到了成就感。

于是我开始在去年的冬令营中加上了快板儿课，这下可好，一大帮孩子都爱上了快板儿，而且背诵唐诗的速度是原来的好几倍。在我的带领下，我们“第一训练营”的孩子几乎人手一副快板儿，我觉得这个确实比 iPad 强多了。

刚才登机之前，接到女儿电话：“妈妈，我今天太高兴了，学校发了 28 首必背唐诗。我看了一眼，我基本都背过，妈妈，您真是太有先见之明了！我们班同学里我会的最多，妈妈，您明天回来把我不会的赶紧给我讲一下，我先学了哈！”我很为女儿高兴，这就是自信，自信的基础是实力。求知欲每个孩子天生就有，但是在八岁之前，如果妈妈、爸爸没有开发好，很有可能就把宝贵的求知欲丢了。

现在女儿的快板儿已经打得有模有样了，每个周六，她都在快板儿老师那里待一整天。我怕她耽误学习，她自己提出周五晚上一定把作业写完，如果写不完就不去快板儿老师那里。于是她的学习成为了正循环，她自己着急了，比我以前催儿百遍都强。

打着快板儿背古诗确实很快，而且最初都不用找专业老师学习，每个人拿起板儿，在网上找个教材看看拿板儿的正确方法就可以了。小朋友们，在我的微博上有我女儿打快板儿背的很多著名古诗词，比如《将进酒》，比如《木兰辞》，比如《琵琶行》。我建议看过我这篇文章的小朋友请爸爸妈妈给你买副小快板儿，今天就开始打起来，你一定会发现受益匪浅。

这第二个神器就是“好习惯养成表”。这个是我自己设计的宝贝，好多同学都特别喜欢，大家自己在家中设计就可以。说简单了就是一个表格，上面有 21 天的标记。我自己设计的是丑小鸭变白天鹅的过程，从鸭蛋到小鸭子，到最后的白天鹅，每天一个图。然后你就可以自己设立一个目标，比如“每天早上背三个单词”“每天学习一首唐诗”“准时起床”等等，反正就是你有什么不好的习惯，统统可以拿一张表格来改掉。21 天，如果同学们坚持下来了你们就会发现养成了一个好习惯。用表格可以很好地约束自己，尤其是坚持七天以后，你哪天一犯懒，可能立刻就会觉得，都坚持一周了，现在放弃是前功尽弃，还不如坚持一下。不要小看这个小表格，很多妈妈给宝贝用了我的小表格，解决了孩子的很多问题，什么吃手啊，懒惰啊，写字不认真啊，至少可以用来背唐诗，呵呵！

我认为，学习好的人就是注意了两件事：第一个是用对了方法；第二个是坚持。

我可以不断地教给大家学习的方法，坚持就靠你自己了。

这本书中王芳阿姨就是想给大家提供一种学习唐诗的全新方法，建立一种大唐诗观，不仅仅是把唐诗背会了，而且要把其中的典故、历史、地理弄得清清楚楚，知其然并且知其所以然。之后再加上我今天推荐的两个神器，齐活儿，你离“唐诗小达人”的称号就不远了。

摄影 / 刘亮 汪正影业

《朝代歌》，比所有唐诗都重要的一首歌谣

亲爱的同学们，前几篇文章我们讲了李白和他的几首诗，大家是不是已经渐渐地和我一起爱上了唐诗呢？用我的方法，你不但可以搞定唐诗，还顺便把中国地理、历史了解了一遍。而在本篇文章中，我要讲的是一首比所有唐诗都重要的歌谣，别看它只有 50 个字，但是对于我们学好唐诗非常重要。

这首歌谣叫作《朝代歌》，它是后人总结的，我们先试着背诵下来。

cháo dài gē
朝代歌

xià shāng yǔ xī zhōu dōng zhōu fēn liǎng duàn
夏商与西周，东周分两段。

chūn qiū hé zhàn guó yì tǒng qín liǎng hàn
春秋和战国，一统秦两汉。

sān fēn wèi shǔ wú èr jìn qián hòu yán
三分魏蜀吴，二晋前后延。

nán běi cháo bìng lì suí táng wǔ dài chuán
南北朝并立，隋唐五代传。

sòng yuán míng qīng hòu wáng cháo zhì cǐ wán
宋元明清后，王朝至此完。

这首歌谣很简单，说的就是我们中国的历朝历代哪个接哪个，背会这 50 个字，你对中国历史就有了一个基本的认识，心中就有了一条历史线。

我自己读了很多关于唐诗的书，大部分这一类的书籍都是将单字加以注释，但是这些注释只能给对历史知识很明白的人看。对于小学生、中学生来说，如果他的历史概念不是很清晰，往往这样的注释不能解决根本问题。

比如前面我讲《行路难》时，有一句叫作“闲来垂钓碧溪上”，大部分唐诗书籍是这样注释的：“传说姜尚未遇到周文王的时候，曾经在磻溪（今陕西省宝鸡市东南）钓鱼。”光凭这一句话你肯定很难理解它的深意，这个时候就要用到朝代歌了。

朝代歌第一句，“夏商与西周”，是指中国历史上前三个朝代，夏朝、商朝和西周。那么我们再来看姜尚，姜尚就是大家熟悉的姜太公。我们看着朝代歌第一句就知道姜太公所在的朝代是商朝的末期，因为他辅佐的是周文王和周武王，周朝前边是商，所以他是帮助周文王和周武王讨伐商纣王，一下子心里就有数了。每一个历史人物我们只要对照朝代歌，就知道他们是哪个年代的人了，哪个朝代接下来是哪个朝代，只有这条线清晰了，读唐诗才能真正理解其中的意思。

唐代诗人很多都是从小饱读诗书，而且那个年代的人是非常重视传统教育的，他们很尊重先人，尊重为历史做出贡献的人，也会经常写诗提到这些人。如果你会背《朝代歌》，一联想就首先搞明白了这个人的历史年代。而且因为是唐诗，他们写的肯定是唐代之前的事情，任何诗人都不可能预知未来。唐朝之前就那么多历史，所以学起来并不难。

接下来，我们用《朝代歌》来了解一下中国古代四大美女。

首先来说西施，西施是什么朝代的人呢？看《朝代歌》第三句“春秋和战国”，西施就是春秋时期越国的美女，是在浙江诸暨县城苎萝村长大的。我小的时候，听说了西施是浙江那边的女孩，看所有江南女孩都觉得好美，和我们北方的女孩子不一样，身体流动着温柔的感觉。

据说，西施不仅温柔，而且很有智慧。

看《朝代歌》第二句，“东周分两段”，这个两段就是春秋和战国。春秋时期，在公元前494年，吴国派兵攻打越国，越国被打败了。越王勾践向吴王夫差请降。越王勾践在吴王夫差那里当了两年奴臣，什么脏活苦活累活都做了，关键是心里好难过，因为他在外边为奴，非常想念自己的祖国。

两年后，吴王不顾老臣伍子胥的劝阻，将勾践放回了越国。之后就有了那个著名的成语典故“卧薪尝胆”。勾践回国后，每天都忘不了这段给人家为奴的耻辱，为了让自己记得再清楚一点，睡觉时在地下铺着柴火，“卧薪”就是指睡在柴火上，多不舒服啊；“尝胆”是指每天吃饭以前先舔一下动物的苦胆。这样做就是想让自己明白，吃了那么多苦不能忘记，必须使国家强大，然后去复仇。

这个时候，越王勾践身边的谋士范蠡（音lǐ）给他出主意，说夫差喜欢美女，不如挑个美女去瓦解吴国。于是范蠡就去找美女，注意，此时西施要登场了。西施是溪边浣纱的女子，浣纱就是指洗衣服，后来还有个词牌名叫“浣溪沙”。西施到底有多美，据说她在洗衣服的时候，溪水里的鱼看到了她的倒影，忘记了游水，渐渐地沉到了水底，这就是“沉鱼”的来历。当然，这是一种常见的说法。“沉鱼”还有其他版本的故事人物，以后我再给大家详细讲解。

西施被越王勾践派到吴王夫差那边，取得夫差的信任，她一个年轻漂亮的女子，有胆有谋，一点也不害怕，给自己的国家越国报信。有了情报，里应外合，越国最终经过两次大规模的讨伐，战胜了吴国。西施出色地完成了任务。

这就是西施的故事。

在唐诗中很多诗人都写过西施，以后我们慢慢说，今天大家就记住西施是春秋时期越国的美女就可以了。

按照时间顺序，第二位要说王昭君，王昭君是汉代人，我们王家的美女啊。而且我是内蒙古人，昭君当年出塞就是去内蒙古，直到今天呼和浩特还有个著名的景点——昭君墓。

看一个人物，大家首先要明白他所属的历史年代，这个时候请注意《朝代歌》第四句：“一统秦两汉。”两汉是指西汉和东汉。历史上出现了好几次，一个朝代分两半的情况，比如西周东周、西汉东汉、西晋东晋，这太有意思了，都是把都城从西边的城市迁到了东边的城市，所以这几个朝代都是西在前，东在后。这也是一个历史知识点，以后如果有人问你，西汉在前，还是东汉在前？西晋在前，还是东晋在前？你都不用想，因为王芳老师说过了，肯定西在前。

王昭君是西汉人。当时的皇帝是汉元帝，他很喜欢美女，以至于他拥有的美女太多了，看都看不过来，所以请了画师给这些美女画像，汉元帝只需看画像来决定见谁。于是很多人为了见到皇帝，都跑去给画师送钱，就是行贿，希望画师把自己画美一点。王昭君很讨厌这样的风气，就不去送钱。画师叫毛延寿，看有人竟敢不给自己送钱，就把王昭君的画像画得很难看，还点了一个大痦子，皇帝一看这画，这么难看的女子，绝对不想见。

后来匈奴首领来求和亲。匈奴是什么意思呢，就是古代中国北方的游牧民族部落，他们的首领叫单于，注意第一个字不读 dān，而读 chán。自古匈奴和中原地区一直都是战争不断，到了汉元帝这里，南匈奴首领呼韩邪（yé）单于和汉朝联系，说我们和亲吧。什么叫和亲？就是指把你们汉朝的公主或者美女给匈奴单于当老婆，你们的人嫁过来了，这样我们就成了一家人，以后就不打仗了。这么看来这个和亲的人很重要，她不但要嫁到一个人生地不熟的地方，而且还得处好关系，让自己的国家不受战争的侵扰。

这个事情在宫中传开，王昭君一想，自己可能一辈子也见不到皇帝了，不如嫁给匈奴首领当老婆，于是自告奋勇去。结果汉元帝送昭君走时才见到王昭君，那一刻他肠子都悔青了，王昭君太美了，但是已经没有办法了，只得送昭君出塞，也就是嫁到塞外。一路上，昭君的美貌让匈奴人很惊艳，连天上飞的大雁看到王昭君都不会飞了，直接掉了下来，所以后来说王昭君有“落雁之美”。

好了，“沉鱼落雁”讲过了，后面还有两个美女就是“闭月羞花”。

“闭月”是指貂蝉，注意这个貂蝉是出现在文学作品中的人物。中国四大古典名著之一的《三国演义》中说，貂蝉是东汉末年的人，前边我说了《朝代歌》中那一句，“一统秦两汉”，后边是“三分魏蜀吴”，三国前的那个朝代就是东汉。

书中写，东汉末年，朝廷内部党争很多，当时有个大臣叫董卓，为人阴险毒辣，谁不服他，他就直接把人家杀了。他有一个义子叫吕布，也是一个特别厉害的人，他们俩在一起，谁也不敢惹。

朝廷中很多人都恨董卓专权，可是又无计可施。当时朝中大臣王允有个义女叫貂蝉，绝对是女神级美女。貂蝉听说了朝廷中的事情，主动和义父说，愿意配合义父为民除害。这就是著名的连环计。王允先让貂蝉见吕布，吕布瞬间爱上了她，又让貂蝉见董卓，董卓更狠，直接娶了貂蝉。这下好了，父子两个都爱上了貂蝉，于是他们有了矛盾，也就是说王允的连环计有效果了。

最后董卓、吕布自相残杀，董卓被自己的义子吕布杀了。这属于为民除害啊，其中貂蝉的功劳大大滴！据说有一次貂蝉赏月，忽然轻风吹来，一块浮云遮住了明月，就是因为她太美了，月亮都自觉比不上她的靓丽，所以貂蝉也被称为“闭月”。

四大美女中最后一位就是唐朝的了，大家可能都知道，她是杨贵妃，而且和李白还是一个年代的，他们还见过面。关于杨贵妃，在这本书中我会多次讲到。诗人白居易写了首长诗《长恨歌》，就是描写杨贵妃和李隆基的爱情故事，到了那一篇我们再认真学习哈。大家就记住杨贵妃是四大美女中的“羞花”，因为有一次她在宫中赏花，花儿一看她那么漂亮都低下了头，我估计十有八九她碰到的是含羞草。

后来不知道谁写了一首小诗形容四大美女，当然，我觉得更像顺口溜，大家可以记一下：西施浣纱鱼沉水，昭君出塞雁落沙。貂蝉拜月致月隐，贵妃醉酒羞落花。

好，亲爱的同学们，通过讲四大美女，不知道大家是否明白了该如何运用《朝代歌》。只有把《朝代歌》学好了、用好了，学唐诗才更简单。以后的文章里会出现不少次四大美女，今天正好先了解一下，关键要知道，四大美女每个人都是多才多艺的，所以不管你长得怎么样，让自己肚子里多一点墨水才是最重要的。

可能所有写唐诗的书里都不会出现《朝代歌》，因为《朝代歌》是后人根据中国历史总结的，但这就是我这套书的与众不同，我认为同学们学习唐诗宋词，必须明白历史，要不然，内心是不清晰的。同学们熟背朝代歌，可以帮助理解诗歌的创作背景。好，现在开始吧！

眼前有景道不得

前面我讲了，李白是个神人，才华横溢，所以李白也比较自恃清高，一般人他还真的不会放在眼里。

不过，李白还是很重视哥们儿情义的，比如孟浩然，比如杜甫，比如王昌龄，都是他的铁哥们儿，他们经常写诗互相赞美。在唐朝，男人之间喝酒写诗都是非常时髦的事情，而且诗人碰面常常会比诗，你来一首，我也来一首，看看谁写得更好。每次遇到这种情况，李白绝对是当仁不让，一来李白确实有才华，怎么写都不怕；二来李白经常是醉醺醺的，这个时候的人就容易冲动，比就比呗，谁怕谁啊！

不过也有一次意外，李白同学第一次认输了。他看到了一首诗，认真读了几遍之后，觉得简直太完美了，无可挑剔，一直感叹："太妙了！太妙了！"这是哪位大神写的诗啊？能让我们李白佩服得五体投地！

这首诗就是《黄鹤楼》，作者崔颢。崔颢出生于公元704年，比李白小三岁。是不是感觉这位崔先生好像名气不是很大？那你就错了，在唐代他还是很厉害的，写了好多作品。崔颢早期的诗作有些写得很轻浮，不太受人喜爱，但是到了后期，他的诗风有了很大的转变。

李白喜欢四处溜达，有一次来到了武汉黄鹤楼，登上黄鹤楼，按照李白的风格，肯定得写首诗啊。据说李白正准备作诗，一看上边已经有人写了一首，李白站定，认真地看了几遍，然后写了一句话："眼前有景道不得，崔颢题诗在上头。"李白自愧不如："哎呀，这么好的美景，我李白却没有办法写首诗啊，因为崔颢的诗在上面，我怎么写也写不过他了！"

后来有人还在黄鹤楼旁边建了一个亭子，叫"李白搁笔亭"，来纪念这个故事。那么接下来我们就要看看了，这崔颢到底写了一首什么诗，让李白崇拜成这样？不仅李白夸这首诗，后来清朝有一位学者蘅塘退士把他认为比较经典的唐诗编著了一本《唐诗三百首》，在七言律诗这一章里，把这首《黄鹤楼》放在了开篇，也就是说，编者也觉得这首诗太棒了。那今天大家听王芳阿姨讲讲这首诗，希望听完你们就能背下来哈！

扫一扫，
听王芳为你读诗

huáng hè lóu
黄鹤楼

崔颢

xī rén yǐ chéng huáng hè qù　cǐ dì kōng yú huáng hè lóu
昔人已乘黄鹤去，此地空余黄鹤楼。

huáng hè yí qù bú fù fǎn　bái yún qiān zǎi kōng yōu yōu
黄鹤一去不复返，白云千载空悠悠。

qíng chuān lì lì hàn yáng shù　fāng cǎo qī qī yīng wǔ zhōu
晴川历历汉阳树，芳草萋萋鹦鹉洲。

rì mù xiāng guān hé chù shì　yān bō jiāng shàng shǐ rén chóu
日暮乡关何处是？烟波江上使人愁。

历历：清楚分明。
汉阳：指今湖北省武汉市汉阳区，位于长江与汉水的夹角地带，与黄鹤楼隔江相望。

这是一首七言律诗。我们一般把律诗分为四联，每两句一联。前两句是首联；三四句为颔联，“颔”字和“汗”字读音一样，就是下巴颏的意思；第五六句为颈联，颈就是脖子的意思，大家可能看出来了，这是从头往下走的意思，对，古人就是这样想的；最后两句是尾联。

这首诗的首联：“昔人已乘黄鹤去，此地空余黄鹤楼。”这句话中“昔人”两个字一定要认真看，这两个字要是明白了，这句话就明白了。这里的昔人是指传说中的神仙。关于这首诗里到底讲的是哪个神仙，有很多种说法，不过我觉得有一个传说挺有意思的，好记。是说当年黄鹤楼这里是一个酒家，开酒家的是个阿姨，这个阿姨姓辛，生意不好做啊，顾客也不多。有一次来了一个道士，辛阿姨看他很疲惫，就给他酒喝、给他饭吃。道士很感激，走的时候在墙上画了一只黄鹤，说：“这只黄鹤可以下来给客人跳舞助兴。”听说了这个情况，十里八乡的人都来辛阿姨的酒家吃饭，生意好得不得了，她就给酒家起名为“黄鹤楼”。十年后，道士再次来，用手一指，墙上的黄鹤飞了下来，道士骑着黄鹤飞走了。原来这不是一个普通道士，而是一位仙人。听完这个故事，你再来读《黄鹤楼》的首联就很好理解了：仙人已经乘着黄鹤飞走了，只留下了这座黄鹤楼，开篇这句话就已经注定这首诗的大气磅礴。

接下来是颔联：“黄鹤一去不复返，白云千载空悠悠。”这两句话的意思也很好理解，传说中的仙人早已乘着黄鹤飞走了，再也没有返回，只有白云千百年来依然在那里悠然飘荡着。这里的“空”不是指天空，是一个副词，相当于“徒劳地”“白白地”；“悠悠”就是指飘荡，两个字一重叠起来，就有了动感。

颈联这两句是本诗的精华：“晴川历历汉阳树，芳草萋萋鹦鹉洲。”这两句诗中提到了两个地名：一个是汉阳，一个是鹦鹉洲。先来说汉阳，这个就要了解一下武汉的地理位置了。长江流经武汉，在武汉和汉江交汇，形成了一个类似“T”字的形状，T字上边是武昌，下边左边是汉口，右边是汉阳，这就是著名的武汉三镇。黄鹤楼位于武昌，当时也没有武汉市，就叫武昌黄鹤楼。诗人站在黄鹤楼上，那天天气晴朗，远远眺望，汉阳那边的碧绿色的树都能看得很清楚，更能看清楚芳草茂盛的鹦鹉洲了。鹦鹉洲是武昌和汉阳相对的长江中间的一块沙洲，后来被江水冲没。据《后汉书》记载，东汉末年，江夏太守黄祖曾经在这里大宴宾客，宴会中有人献上鹦鹉，所以这里被称为“鹦鹉洲”。还有一种说法是此处是东汉名士祢衡被黄祖所杀之地，祢衡曾写《鹦鹉赋》，故以此命名此处。但是，据说到了唐代有人在鹦鹉洲上面种西瓜，所以崔颢当年看到的就是一块很大的绿色沙洲，植物郁郁葱葱，这就是“芳草萋萋鹦鹉洲”。

尾联升华得很精彩：“日暮乡关何处是？烟波江上使人愁。”说太阳就要下山了，“我”在想“我”的家乡在哪里啊，看到江面烟波浩渺，暮霭沉沉，“我”的心里有些烦愁！

最后这两句话写得太好了，前边都是在感叹风景，突然转到思念家乡上，而且不留痕迹，难怪李白说“眼前有景道不得，崔颢题诗在上头”。

古黄鹤楼遗址后来被毁坏了，现在的黄鹤楼是 1981 年重新修建的。

更有意思的是，李白离开了黄鹤楼，一直不甘心，总想写出一首诗能够和《黄鹤楼》拼一拼，哈哈，这李白是真心不服输啊。当然，也正是因为有这样的雄心壮志，李白才能写出又一首千古绝唱《登金陵凤凰台》。我把这首诗和《黄鹤楼》一起讲，大家就可以明显感觉到诗的风格很类似，难分高下，我们先来读读这首关于凤凰台的诗。

扫一扫，
听王芳为你读诗

dēng jīn líng fèng huáng tái

登金陵凤凰台

李白

fèng huáng tái shàng fèng huáng yóu　fèng qù tái kōng jiāng zì liú
凤凰台上凤凰游，凤去台空江自流。

wú gōng huā cǎo mái yōu jìng　jìn dài yī guān chéng gǔ qiū
吴宫花草埋幽径，晋代衣冠成古丘。

sān shān bàn luò qīng tiān wài　èr shuǐ zhōng fēn bái lù zhōu
三山半落青天外，二水中分白鹭洲。

zǒng wèi fú yún néng bì rì　cháng ān bú jiàn shǐ rén chóu
总为浮云能蔽日，长安不见使人愁。

衣冠：特指豪门贵族。
丘：坟墓。
半落：形容三山的上半部分已经被云雾遮住。
二水：一作“一水”。指流经南京的秦淮河，从这里往西汇入长江，在中途却被横截在河道中央的白鹭洲分成了两条支流。
浮云：借指奸臣、奸佞。

来看首联："凤凰台上凤凰游，凤去台空江自流。"首先我们要弄明白凤凰台在哪里？诗的题目中说了金陵凤凰台，金陵就是指现在的南京。南京是古都，在唐朝之前已经有六个朝代在这里建都了，所以也是文人墨客聚集的地方。相传在南朝刘宋时，南京西南集庆门大街那边有个小山岗，有一天，山岗上飞来了三只凤凰。这三只凤凰羽毛艳丽，声音动听，很快就吸引了许多鸟儿来这里比翼飞翔，形成了百鸟朝凤的景象，附近的人都赶来看这个奇妙的景象。一位王族听说了这个事情，出钱在这里修建了一个高台，取名"凤凰台"。因为凤凰的名气，凤凰台引来了无数文人墨客，可惜后来由于种种原因，凤凰台已经消失了，李白也没能看到凤凰台的样子，只能想象当年凤凰台的风采。这首诗的首联"凤凰台上凤凰游，凤去台空江自流"的意思是：凤凰台上曾经有凤凰来这里游玩，而如今凤凰飞走了，凤凰台也已不在，只留下旁边的江水一直在静静流淌。

颔联："吴宫花草埋幽径，晋代衣冠成古丘。"理解这两句诗，就又要用到前边我讲过的《朝代歌》了。金陵在唐朝之前是六个朝代的都城：三国时魏蜀吴中的吴建都南京；《朝代歌》中"三分魏蜀吴"之后是"二晋前后延"，三国之后是西晋和东晋，东晋也建都在南京；再之后是"南北朝并立"，也就是东晋之后当时的中国分为了南朝和北朝，一个在南边，一个在北边，南边这个南朝的四个小朝代宋、齐、梁、陈全部建都在南京，所以南京在唐代以前是六朝古都。小朋友们明白了，李白这两句诗就很好理解了：吴宫就是指当年孙权在这里建立的宫殿，吴宫内外丛生的野花野草茂盛得把路都掩埋，东晋时这里还是都城，有很多达官显贵在这里曾经多么辉煌，但如今也都长眠在黄土中了。李白借这些曾经的美景感叹：人生啊，一切都是浮云。

颈联："三山半落青天外，二水中分白鹭洲。"这两句意思很简单，但是写得非常巧妙，一个"落"，一个"分"，这两个动词的运用，很见诗人的功底。三山就是凤凰台旁边的三座峰，因为紧紧挨着，所以起名“三山”。这两句诗的意思是：站在凤凰台上，我向远处看去，三山有一半耸立在青天之外，白鹭洲把秦淮河分成了两条水道。白鹭洲是南京的一个景点，我也没有去过，感觉就是一个小岛把水道分开了。据说这个地方原来经常有很多白鹭栖息，所以起名“白鹭洲”。

尾联肯定是抒发感情的，我们来看“总为浮云能蔽日，长安不见使人愁”。《黄鹤楼》最后一句你们还记得吗？对，“烟波江上使人愁”，那首诗是怀念故乡的，这首诗最后两句主要是说自己的政治抱负很难实现，太愁人了。字面意思是：天上的浮云随风飘荡，有时候把太阳都遮住了，使我看不见长安城，心里十分忧伤。当然这仅仅是字面意思，深层意思很有嚼头。前边我说过了，李白老想当官，老也当不上，好不容易接近了皇帝，结果由于酒后失言被赐金放还了。当然，除了爱喝酒，李白也得罪了一些朝廷中有权势的人。所以这两句李白想表达皇帝身边总有些奸臣，就像太阳旁边的乌云，遮住了皇帝的视线，让他看不到“我”这样有能力的人，“我”也回不到长安为朝廷效力了，这事真心让人难过。

这两首诗我都喜欢，如果从大家熟悉的程度，肯定是《黄鹤楼》更加脍炙人口一些，但是《登金陵凤凰台》也展示了李白的性格，浪漫并且胸怀天下，所以同学们都应该熟悉下，最好心中默念并且背下来。下次有机会去武汉一定要登上黄鹤楼吟诵崔颢的诗，有机会到南京，别忘了去找找凤凰台旧址，感受一下当年的大唐盛世。

孟浩然的小粉丝

孟浩然是唐朝著名的田园诗人，他有多著名？你看看他的粉丝就知道了，他最著名的粉丝就是大名鼎鼎的李白。

能成为李白同学的偶像，充分说明孟浩然同学还是相当有才的。

孟浩然比李白年长12岁，李白出生于约公元701年，所以孟浩然就出生于公元701年减去12年等于689年，正是唐朝的鼎盛时期。孟浩然在很年轻的时候就已经出名了。他的诗清新淡雅，五言的居多，那个时代，很多人争相传阅孟公子的诗作。

在李白26岁时，他离开四川，乘船去各地溜达了。走到湖北襄阳这个地方的时候，听说偶像孟浩然在襄阳的鹿门山中隐居呢，李白急忙到鹿门山去拜见。据说见到了孟浩然，李白激动得晕了，赶紧把自己写的诗给孟前辈看。老孟同学一看，这小子行啊，诗写得很有味道，于是留李白在这里住了十几天，两个人谈古论今。都是才子，太有共同语言了。当然，那个时候的李白没啥名气，孟浩然留他十来天，这简直就是至高荣誉啊。

孟浩然写过很多著名诗句，我估计小朋友们都熟悉他的《春晓》吧！你们知道这首诗每一句的意思吗？

扫一扫，
听王芳为你读诗

chūn xiǎo
春晓

孟浩然

chūn mián bù jué xiǎo
春眠不觉晓，
chù chù wén tí niǎo
处处闻啼鸟。
yè lái fēng yǔ shēng
夜来风雨声，
huā luò zhī duō shǎo
花落知多少？

眠：睡觉。
不觉：没有察觉到，不知不觉中。
晓：天亮。
闻：听到。
啼鸟：鸟的鸣叫声。

孟浩然这首诗的意思就是：春天里“我”睡了一大觉，不知不觉已经天亮了，到处都是鸟儿在鸣叫。回想起昨天晚上听到一阵阵的风雨声，不知道吹落了多少美丽的花儿。这是一首典型的五言绝句，押韵、上口，大人孩子都是一学就会。可以想象孟浩然隐居在鹿门山的日子是多么安静，多么美好。

后来又过了两三年，李白听说孟浩然会去武汉黄鹤楼，他赶紧给孟浩然写信，两人约好了黄鹤楼见。古代的人互相联系主要是靠书信，我一直在琢磨，你说这些文人每天到处溜达，即使给他们寄信，寄到哪里呢？后来一查资料我才知道，古代有驿传制度，寄信是非常方便的，隔不了多远就有一个驿站，相当于今天高速公路的服务区，驿站负责收信发信，传递文书诏令，可以将文书诏令迅速送达任何地方。驿站又分为路驿和水驿，路驿是靠骑马送信，水驿是靠划船送信。反正看样子李白的信孟浩然收到了，因为他们真的在黄鹤楼见面了。前面我讲了，黄鹤楼是武汉最著名的景点了，原因就是文人墨客常常相聚于此。李白和孟浩然在这里见面的时候，两人都很开心，不过这次见面很短暂，因为孟浩然马上要去扬州了，所以聚会更显得弥足珍贵。临走那一天，李白为孟浩然送行，有感而发，写下了那首脍炙人口的《黄鹤楼送孟浩然之广陵》，对亦师亦友的孟浩然的感情之深跃然纸上。

扫一扫，
听王芳为你读诗

huáng hè lóu sòng mèng hào rán zhī guǎng líng

黄鹤楼送孟浩然之广陵

李白

gù rén xī cí huáng hè lóu, yān huā sān yuè xià yáng zhōu

故人西辞黄鹤楼，烟花三月下扬州。

gū fān yuǎn yǐng bì kōng jìn, wéi jiàn cháng jiāng tiān jì liú

孤帆远影碧空尽，唯见长江天际流。

西辞：黄鹤楼位于广陵的西面，由于是从黄鹤楼到广陵，所以用“西辞”。
下：顺流向下而行。
碧空：青蓝色的天空。
尽：尽头，消失了。
唯见：只能看见。
天际：天边。

先来看这首诗的名字，“之”在这里就是去、到的意思，那要去哪里呢？去广陵，广陵在哪里？就是今天的江苏省扬州市。同学们可以在地图上找一下扬州，然后找一下武汉，看看当年孟浩然先生是走哪条水路过去的。

第一句“故人西辞黄鹤楼”，这句诗的意思是老朋友孟浩然和“我”在黄鹤楼告别了。诗中的“故人”用得非常巧妙，意思就是老朋友。前面我说了，他们曾经在鹿门山见过，所以当然算是老朋友了。另外还有一层意思就是“我和孟浩然都是老朋友了，多棒啊！”就像今天的体育爱好者去给郎平阿姨送行的感觉差不多。孟浩然是李白的偶像，对他的行程李白都是充满羡慕之情的，也就是说李白也想去，但是去不成，他只有眼馋的份儿。

第二句“烟花三月下扬州”，这句诗的意思就是繁花似锦的三月，“我”送孟浩然先生坐船去扬州。这一句话是唐诗中的经典名句，很多专家都用这句话来讲唐诗的美。最厉害的是“烟花”这两个字，肯定不是爆竹烟花的意思，这里是指三月的春景繁花似锦，不是指某一片花一处景，而是指看不尽的美景，像在梦里一样。这句诗表达了李白对孟浩然的崇敬之情。你想想，他不但觉得孟浩然人很有才，连孟先生的旅途都是仙境之旅了，这崇拜绝对不是一般粉丝能有的。

第三句“孤帆远影碧空尽”，意思是李白在黄鹤楼送别孟浩然，黄鹤楼离长江很近。李白一直看到船走远了，帆越来越小，直到消失在水天相接的地方。每次背这句诗的时候，我的眼前都会有一幅画面，李白恋恋不舍地站在那里，双手背在后面，目不转睛地望着江面上的一只船，直到船看不到了，他还没有转身离开。这说明李白是多么尊重孟浩然，船都行那么远了，人都不动，这种尊重老师、注重情义的品德我们确实应该学习。

第四句“唯见长江天际流”，这句可以这样理解，就是李白看孟浩然先生的船看入迷了，突然回过神儿来，只看到眼前长江水滚滚向天边流去。这首诗我这样一解释，你们会不会觉得很有意境，一下子对李白和孟浩然都刮目相看了。他们的感情让人羡慕，这是君子和君子之间的情感。现代人感情再深估计也很少写诗了，尤其是现在有了手机，更是懒得动笔，别说写诗了。

李白对于孟浩然的感情，一直很深，他觉得孟浩然才是真正的君子。后来，李白有了一些名气，他也没有忘记孟浩然，还写了一首诗给孟浩然。这点上我很为杜甫打抱不平，杜甫崇拜李白特别像李白崇拜孟浩然，杜甫给李白写了很多诗，而李白给杜甫写的诗很少。现在能找到的并不多，但是即使李白写给杜甫的诗，也不像写给孟浩然的，充满了溢美之词，让人每次读来都觉得孟公好幸运，有李白这样的朋友。

zèng mèng hào rán

赠孟浩然

李白

wú ài mèng fū zǐ, fēng liú tiān xià wén

吾爱孟夫子，风流天下闻。

hóng yán qì xuān miǎn, bái shǒu wò sōng yún

红颜弃轩冕，白首卧松云。

zuì yuè pín zhòng shèng, mí huā bú shì jūn

醉月频中圣，迷花不事君。

gāo shān ān kě yǎng, tú cǐ yī qīng fēn

高山安可仰，徒此揖清芬。

风流：古人以风流赞美文人，主要是指有文采，善词章，风度潇洒，不苟且钻营等。
红颜：指人少壮时，并不专指妇女。
卧松云：指退隐山林。
醉月：月下醉酒。
中圣：喝醉酒。这里用曹魏时徐邈的典故，他喜欢喝酒，将清酒叫作圣人，浊酒叫作贤人。
事君：为皇帝服务。
安：岂，怎么。
徒此：唯有在此。
清芬：高尚的品格。

这是一首典型的五言律诗，我读李白的诗还是比较多的，这首是李白五言诗中的精品。李白出四川后游历了一圈，又回到江夏。他专程去襄阳拜访孟浩然，不巧孟浩然外出游历，李白遗憾地写下这首诗。

首联：“吾爱孟夫子，风流天下闻。”这两句诗的意思就是：“我”很崇敬孟浩然先生，他潇洒有才华，天下谁不知道？注意，这里用了“夫子”这个词，“夫子”一般是对有文化且年长的男人的尊称。这两句诗很有气势，而且直接就把孟浩然的地位写了出来，“风流天下闻”，就是说全天下的人都了解他，他就是潇洒的孟夫子。

颔联：“红颜弃轩冕，白首卧松云。”这两句诗的意思是：孟浩然年轻的时候舍弃富贵功名，年纪大了到山里隐居，这是多么让人钦佩的人生。这句话的对仗很有意思，“红颜”是指年轻时，对仗“白首”就是年老时；“轩冕”对“松云”，“轩冕”指官爵，“松云”代表与世无争。其实李白是想说孟浩然非常淡泊名利，一辈子活得很透亮、很清澈。当然这样的隐居生活也是无奈，因为孟浩然在官场上的经历一说起来都是眼泪，总是不顺利，后来他干脆就不争取了，隐居起来，过自己的田园生活。

孟浩然被归为田园派诗人，因为他写了很多反映田园生活的诗。

颈联："醉月频中圣，迷花不事君。"注意，这里的"中"读四声。这句话字面意思是：归隐的日子里，孟浩然经常在夜里把酒临风，醉入梦乡，有的时候则被繁花迷住了，不再想去走仕途之路。孟浩然是个很有自知之明的人，当他发现仕途之路很难走的时候干脆就放弃了，其实当时还是有朋友要推荐他的，被他婉拒了，正是因为这一点，更加让人佩服。

当然，我们佩服不算什么，看看李白的敬仰之情，最后两句亮了。

尾联："高山安可仰，徒此揖清芬。"字面意思是：我仰望高山，自觉攀登不上去了，只能在这里向它高尚纯洁的品格拜揖了。引申一点就是，孟浩然啊，你高尚的品格像那不可攀登的高山，"我"永远也赶不上了，只能在这里远远地作揖向你学习了。我觉得唐诗中写皇帝最多也就这样赞美了吧，李白的浪漫主义在这里崭露无遗啊！

今天，我们说了李白和孟浩然的深厚情感，我觉得李白对孟浩然的崇敬之词这么多，和他的仕途不顺利也有关，所以他也希望自己能够像孟浩然一样"红颜弃轩冕，白首卧松云"。只可惜孟公这样的伟大诗人，只活了 52 岁，要不然，还不知道得有多少传世佳作呢！

孟浩然想当官吗？

说实话，唐朝的诗人或者文人完全不想当官的几乎没有，孟浩然当然也一样，在那样的年代，做官等于出人头地。不过比起其他文人，孟浩然算是非常有气节的男人了，他即使求人引荐也是含蓄的、不张扬的。

比如说孟浩然有一首诗《望洞庭湖赠张丞相》，就被称作是一首干谒诗，干谒是什么意思呢？就是古代文人为了推销自己而写的一种诗歌，类似于现代的自荐信，“谒”字和“夜”字是同一个读音，请求拜见之意。

前面我说了，李白写诗称赞孟浩然，说他“红颜弃轩冕”。孟浩然年轻的时候就放弃了功名，其实是不得已的。因为仕途上一直不顺利，只能隐居在湖北襄阳的鹿门山中等待机会，后来孟浩然在40多岁的时候，又想拼搏一次，到京城长安去看看能不能受到重用。这个时候，朝中有个丞相叫张九龄，也是唐代的大诗人，孟浩然就写了这首诗递上去，万一张九龄先生觉得不错，推荐一下，没准孟浩然就开始了仕途之路。

在唐朝想当官，要么参加科举考试，要么祖辈父辈当官有地位，子女享受了特殊待遇，这个叫门荫，当然也可以由权臣推荐，进入仕途。李白没有参加过科举考试，据说是因为他的父亲是做生意的，他的身份审查没有通过。孟浩然参加过科举考试，但是并没有取得很好的成绩，所以李白、孟浩然都是只有一条路，就是通过别人举荐。在这一点上，孟浩然比李白含蓄，这首诗估计也是琢磨了半天，才鼓起勇气写出来送上去的。李白更加直白，只要能推荐他的，他都会各种诗写一通。读了这首诗，我都有点心疼孟浩然，那种文人的自尊在他身上表现得特别强烈。这首诗也是干谒诗中的代表作，大家争取背诵下来。

扫一扫，
听王芳为你读诗

wàng dòng tíng hú zèng zhāng chéng xiàng
望洞庭湖赠张丞相

孟浩然

bā yuè hú shuǐ píng, hán xū hùn tài qīng.
八月湖水平，涵虚混太清。

qì zhēng yún mèng zé, bō hàn yuè yáng chéng.
气蒸云梦泽，波撼岳阳城。

yù jì wú zhōu jí, duān jū chǐ shèng míng.
欲济无舟楫，端居耻圣明。

zuò guān chuí diào zhě, tú yǒu xiàn yú qíng.
坐观垂钓者，徒有羡鱼情。

望洞庭湖赠张丞相：本诗当为开元十八年孟浩然去长安南游，经洞庭湖时所作。一题作《临洞庭》。
湖水平：八月秋水大涨，显得平满，与天相接。
涵：包容。
虚：元虚，即构成天地万物的元气。
太清：道家称天为“太清”。
云梦泽：水泽名。即古代云、梦二泽。长江之南是梦泽，长江之北为云泽，后淤积为陆地，并称为云梦泽。
撼：撼动。此为拍击之意。
端居：独处，闲居。

这是一首典型的五言律诗，我们来看四联都是什么意思。题目中的“望”字很有动感，唐诗中用得很多，比如李白的《望庐山瀑布》《望天门山》，杜甫的《望岳》，刘禹锡的《望洞庭》，如果把这些“望”字都改成“看”字，是不是味道少了很多？“望”在古代汉语中是“远观”的意思，可以理解为远远地眺望。

首联：“八月湖水平，涵虚混太清。”意思是：八月时，“我”站在岸边欣赏洞庭湖，湖水暴涨几乎和岸一样平了。远远望去水和天是一个颜色的，水天相接，气势磅礴。这第一联说的是洞庭湖的美景，洞庭湖是我国第二大淡水湖，同学们站在地图前看看，洞庭湖在哪里呢？大部分就在今天湖南省的北部，跨湘鄂两省。因为它很大，再加上八月是雨季，雨水一多，湖面就上涨，所以看上去很宏伟。

颔联：“气蒸云梦泽，波撼岳阳城。”这两句话里有两个地名：第一个是“云梦泽”，这里就是指洞庭湖；第二个是岳阳城，湖南的一个城市，岳阳最著名的景点就是“岳阳楼”，宋代文人范仲淹曾经写下著名的《岳阳楼记》。这两句话总体的意思依旧是在称赞八月洞庭湖的美景，说整个洞庭湖像有水汽蒸腾一样，感觉岳阳城都随着波涛涌动了起来。这里一个“蒸”字，一个“撼”字，写得都特别棒，让人立刻觉得湖水扑面而来。也可引申解释为一座古城与湖水比起来，尚且如此渺小，更何况一个人的力量，如果没有大家的帮助，又怎么能够成事？

这么美并且令人震撼的景色，其实是在衬托诗人孟浩然心中的波涛汹涌。

颈联：“欲济无舟楫，端居耻圣明。”这两句开始就点题了，说得太明显了：面对浩瀚的洞庭湖，自己想乘舟横渡，可惜啊，没有船只。生活在这么圣明的时代，本来应该贡献自己的力量，可是没有人推荐“我”啊，只好在家闲着，实在太愧对这个大好时代了。孟浩然虽然现在是个隐士，但是他是想出来做官的，只是找不到门路。这么有才华，不用就浪费了，所以希望丞相张九龄推荐一下呗。看到这里，您会不会和我一样有点心疼孟浩然！

尾联：“坐观垂钓者，徒有羡鱼情。”意思是孟浩然在湖边看那些钓鱼的人，真是很羡慕他们钓得鱼儿上钩，引申为“我”多想做一番事业，却一直不顺利，只能羡慕那些有官职的人。这句诗背后有个典故，就是“临渊羡鱼，不如退而结网”。意思是与其在河边看到鱼儿欢腾，幻想着得到鱼儿的场面，不如回去下功夫结张渔网去捕鱼。就是说空想不如来点实际行动。在这首诗里，孟浩然的意思是“我”与其在这里隐居等待，不如努力请您推荐。

这封自荐信，虽然没有能让孟浩然到朝里当官，但还是让张九龄对孟浩然的才华有了更多的了解，后来张九龄还把孟浩然请到自己的府上工作了一段时间，但是不久后，孟浩然觉得不适合自己，再次归隐。

孟浩然的一辈子最重要的事情就是归隐加云游，然后偶尔写首干谒诗推荐下自己，所以在归隐的日子里，他写了好多田园诗，和王维都被称作田园诗的代表人物。王维是谁呢？回头我得详细讲一下，我们王家人，才华不亚于李白、杜甫、孟浩然。我经常想，唐朝这个朝代太神奇了，怎么有那么多有才华的男人，分几个到其他朝代多好，哈哈！

天门山的来客

wàng tiān mén shān
望天门山

李白

tiān mén zhōng duàn chǔ jiāng kāi　bì shuǐ dōng liú zhì cǐ huí
天门中断楚江开，碧水东流至此回。

liǎng àn qīng shān xiāng duì chū　gū fān yí piàn rì biān lái
两岸青山相对出，孤帆一片日边来。

天门山：就是安徽当涂县的东梁山（古代又称博望山）与和县的西梁山的合称。两山夹江对峙，就像一座天然设立的门户，形势非常险要，所以称为“天门”。
开：开通。
至此回：由于两山夹峙，浩阔的长江流经两山的狭窄通道时，激起回漩，形成波涛汹涌的奇观。

在《望洞庭湖赠张丞相》中，我重点和同学们强调了“望”字，《望天门山》里弄懂“望”字也很重要啊，关系到能不能正确理解这首诗。

喜欢游玩的大诗人李白，这天溜达到安徽，当涂县这里有两座大山夹着长江，就像一座大门一样，雄伟啊，李白当然不能错过这个赞美大自然的好机会。

第一句“天门中断楚江开”，很有气势的开篇，浩荡东流的楚江冲天门奔腾而去，正是楚江的奋力冲击，才撞开了“天门”，使它变成两座山的。其实我觉得孩子们可以想象，大自然就是很多事物互相之间的博弈，比如阴天就是云彩和太阳在博弈，云彩手拉手，不想让太阳钻出来，云朵互相打气：“拉紧手啊，千万别松手！”结果一朵云朵拉不住了，一松手露出了一小片空隙，太阳抓住机会奋力露出小脑袋，天气就阴转晴了。再比如山和水的博弈，有山有水的地方，你仔细观察，其实可以想象为山和水都想要更大的地盘，山拉着手不想让水流过，水使劲冲，要是冲不开就只能往回流，最后冲开了就形成了“峡”，所以你仔细看“峡”这个字，山夹着水，就是峡。这首诗第一句就是写楚江的水冲过了大山，仿佛一把巨斧把山给劈开了，读这句话我似乎都能感受到江水滔滔的样子。

第二句“碧水东流至此回”，说江水到这里因为被山挡住改变了水流的方向，所以更加波涛汹涌。这说明虽然山和水博弈，水把山给冲开了，但是山也不是吃素的，死死地站在那里，水冲过来因为被山挡住了，力气太大又反弹回去，太有气势了。你琢磨一下是不是既能感受到长江水的气势，又能体会到天门山的巍峨高峻呢？

诗的后两句“两岸青山相对出，孤帆一片日边来”。最传神的，就是“出”字了。那么我们来看看李白是在哪里感受天门山的雄伟险要呢？如果他是站在岸上的某一个固定的地方望，只能看见长江两岸两座相对立的高山，那么他大概会写成“两岸青山相对立”啦。李白只有站在正顺流而下的小船上，来望远处的天门两山，才可以感受到“两岸青山相对出”的壮美景色。这下你明白了吧，李白就是在船上“望天门山”的。这两句话的意思是“我”坐着小船顺流而下，感觉两边的青山迎面而来，雄伟险要的天门山啊，“我”这乘一片孤帆的远方来客，今天终于看到了你。

这首诗短小精悍，但气势磅礴，是李白的一首经典作品。其中理解大自然的博弈很重要，下次阴天快晴的时候，你要好好地感受一下云和太阳的关系，一定会有新的感触。

《相思》小诗背后的故事

在我十几岁的时候，青春年少，特别喜欢浪漫的诗句，有一首小绝句《相思》就被我写在了笔记本的扉页上，20 个字，却记录了一个小女孩对情感的理解。今天回头看来，那个当年的女孩子好青涩，根本没有理解这首诗背后的深意，仅凭字面意思猜测这是一首寄托相思之情的小诗。如今，我已经年过不惑，再来读这首小诗，感觉更加深刻！

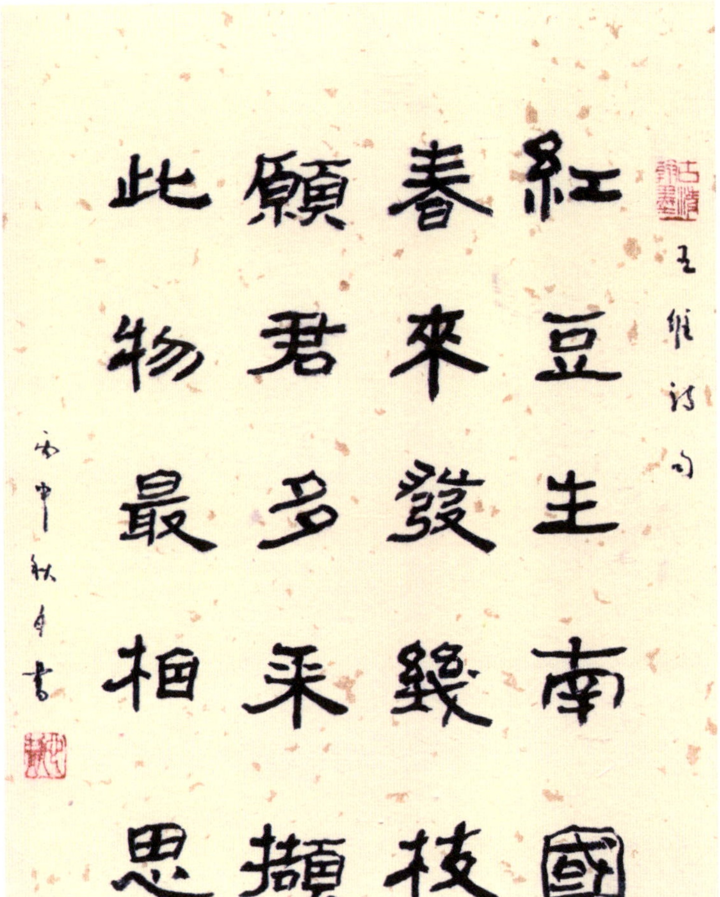

王芳父亲王庆瑞书法作品

扫一扫，
听王芳为你读诗

xiāng sī
相思

王维

hóng dòu shēng nán guó chūn lái fā jǐ zhī
红豆生南国，春来发几枝？

yuàn jūn duō cǎi xié cǐ wù zuì xiāng sī
愿君多采撷，此物最相思。

红豆：属于草本木质的豆科植物。树高三米多，秋天开白色或淡红色小花，冬天或者春天结果，只有豌豆大小，颜色鲜红，可以作为装饰品。多产于岭南地区，古代人常用红豆象征爱情、友谊或者相思之情。
采撷：采摘。
相思：想念。

这首小诗同学们都读过吧？作者王维，前边我也说过，他是田园诗的代表人物，王维真的很牛，他留下的脍炙人口的诗句数量不亚于李白、杜甫。和李白、杜甫、孟浩然比起来，他的事业还是比较顺利的，少年得志，通过科举考试入朝当官，虽然也经常觉得仕途不顺利，但是一直离官路不远。

王维和李白出生在同一年，公元 701 年，山西人。儿时的王维就特别聪慧，和弟弟一起苦读长大，15 岁到长安（现在的西安）应试，因为他的诗很有韵味，再加上擅长画画和音乐，在长安被大家当作奇才，很快就名扬京城了。

王维和李白是同龄人，真正的同龄人，可是让我很不解的是，我查阅了很多资料，却没有看到他们的同框出现。按说在那个时代，两人都是如此有名的诗人，又都好交朋友，难道就没有几个共同的友人？嘿，也真就奇怪了，他们都是孟浩然的好朋友，都是杜甫的好朋友，都是王昌龄的好朋友，但是就是没有李白和王维的任何交往信息。我在想，他们肯定互相知道，互相欣赏，只是他们都是心高之人，也许都在等待对方给自己伸来橄榄枝吧。当然，时间已经过去了 1300 多年，我不能妄加评定，一切都是猜想。

虽然和李白没有打过交道，但是不妨碍王维有很多好朋友，比如这首《相思》诗，明代有一个版本的唐诗选记载，这首诗还有一个名字叫《江上赠李龟年》。李龟年曾经是宫中的乐师，也就是给皇帝演奏音乐的人，那一定是全国演奏得最好的乐师了。他会吹，会弹，会唱，还会作曲，当时的皇帝唐明皇李隆基特别喜欢音乐，自己给著名的《霓裳羽衣舞》谱曲，时常在宫里开音乐会，李龟年就是皇室音乐会的主角。如果明代这个版本记录正确的话，这首诗当年是王维写给李龟年的诗。当然，因为只有一个版本这样记录过，我也不能肯定这首诗到底是写给谁的，但是可以肯定的是，它确实是一首短小精悍并且很经典的作品。

这首诗第一句第二句："红豆生南国，春来发几枝？"红豆是指在南方生长的相思豆的果实，鲜红圆润，当时的人不仅把它作为食物，还有人用它做成项链戒指的镶嵌。为什么说这个豆子有相思的含义呢？是因为长豆子的地方有一个传说。古代有个女子，她的丈夫出门时意外去世了，女子很伤心，在树下哭着哭着去世了，然后这棵树就长出了红豆，所以人们也经常叫它"相思子"。唐朝的诗人经常用它来描写思念的情怀，这里的红豆是赤诚友爱的一种象征。南国就是南方的意思，红豆生长的地方，这句话字面的意思很简单：红豆树生长在南方，春天到了，它将发出多少新枝呢？

下面两句很精彩："愿君多采撷，此物最相思。"希望你多采摘一些红豆，它最能够引起人们的思念之情。据多本史书记载，当时李龟年逃到南方后经常吟唱这首《相思》，这是李龟年超级喜欢的作品。

这里就要说说李龟年，本来在宫中弹琴，为何不在长安待着，跑到了南方呢？这就是因为那个著名的事件"安史之乱"，我们前面讲到的诗人中，李白、杜甫都经历了"安史之乱"。

我希望能用最简单的话语给孩子们讲讲这个在唐朝持续了八年之久的事件。

唐明皇李隆基刚刚当皇帝的时候，还是很能干的，治理国家非常勤勉。当时他任用了不少贤人，比如姚崇、宋璟、张九龄等，再加上李隆基本人学识广泛，多才多艺，大力推广文化，我们可以看到在他的统治期内出现的才子最多。所以唐明皇刚刚登基那二十几年，唐朝的发展非常迅速，当时的年号是开元，历史上称这一段为"开元盛世"。

可是皇帝也是人，辛苦工作了大半辈子，他觉得事业稳定了，江山稳固了，身边又有了杨贵妃。两个人都喜欢音乐，很快就成为知己，经常在宫中开盛大的音乐会，又唱又跳，他渐渐把国家大事抛在脑后。更可怕的是，李隆基把朝廷大事交给了一个叫李林甫的人，封他为宰相，同朝为官的人都知道他“口蜜腹剑”。这个成语的意思就是口头上说话好听，像蜜一样甜，肚子里却有暗害人的阴谋。李林甫非常腐败，搜刮民财，当时朝廷已经出现危机，唐明皇却并没有发觉。

更可恨的是，唐明皇因为喜欢杨贵妃，就听贵妃的建议任用了她哥哥做大官,哥哥叫杨国忠,是个没什么能力的搅屎棍子,这下朝廷更乱了。

当时地方上有个大将叫安禄山，这个人也不怎么样，当时为了巴结杨贵妃，还认杨贵妃为干妈。后来他发现朝廷里挺乱的，自己手上又有兵权，于是叫着手下史思明，举兵造反。唐明皇一听说这个消息，差点气得背过气去：这是我的干儿子，怎么敢造反？于是内乱开始，这仗一打就是八年，公元 755 年开始，公元 763 年结束。这八年真心不容易，最倒霉的是老百姓，连年战乱，好生活一下子没有了，很多人背井离乡，去那些相对安静的地方生活。

这场叛乱是由安禄山起兵开始的，安禄山死后因史思明复叛而继续，史称“安史之乱”。

其中有个核心事件，就是“马嵬坡兵变”，嵬字读“wéi”。安史之乱开始后，756 年 5 月，安禄山打到了潼关，马上就要打到长安了。李隆基的龙椅坐不住了，无奈之下，只好带着杨贵妃、杨国忠，还有很多大臣、宫女往四川逃跑。结果路上随着玄宗一起南逃的禁军不走了，有造反叛变的可能，所以玄宗不得不答应他们的一些要求。禁军先杀了杨国忠和杨贵妃的姐姐们，然后要求李隆基赐死杨贵妃，因为他们认为国家从太平盛世演变成今日的战乱纷纷，就是杨贵妃迷惑皇帝，让皇帝每天吃喝玩乐疏于朝政才导致的，所以杨贵妃是罪魁祸首，其罪当诛。那是一个男权社会，战争起源的矛头却指向了杨贵妃这个本不理朝政的女子。唐明皇是很爱杨贵妃的，但是当时走投无路，如果不杀了杨贵妃，皇帝自己也脱不了身。不得已之下，唐明皇只好含泪赐死杨贵妃，地点就在马嵬坡，马嵬坡在今天的陕西省兴平市。

就这样，杨贵妃死了，唐明皇继续逃亡蜀中。太子李亨一直受到李隆基身边重要大臣的排挤打压，经过了马嵬坡之变，李亨北上灵武，单方面称帝，国家就这样一直风雨飘摇着。李隆基入蜀后，迫于形势，颁布诏书，愿意主动让位，成为太上皇，好让太子更好地平定“安史之乱”。

不过，后来安禄山和史思明的日子也不好过，他们两个最后都是因为他们的儿子想得到权力，把他俩给杀了。儿子杀老子，这事也真挺奇葩的，可见他俩的为人也不怎么样。

这场战争持续了八年左右，长安、洛阳等北方地区都是主战场，很多文人艺术家都往南边逃，李龟年就是其中的一个。前边我说了，李龟年曾经那样有名，后来战乱开始，他跑到南方，只能靠弹琴唱歌赚钱，看到王维这首《相思》心里更不是滋味，经常吟唱。据说当年这首诗被李龟年唱了以后，立刻成为乐坛排行榜第一的歌曲。

其实当年和李龟年关系不错的文人还有很多，比如杜甫曾经给他写过一首诗《江南逢李龟年》，也是一首绝句。当时“安史之乱”结束了，杜甫也已经年老了，在江南突然碰到了李龟年，两个老朋友对当年开元盛世时的情境很是怀念，战乱多年，还能相见，实属不易，杜甫写下了这首诗：

扫一扫，
听王芳为你读诗

jiāng nán féng lǐ guī nián
江南逢李龟年

杜甫

qí wáng zhái lǐ xún cháng jiàn, cuī jiǔ táng qián jǐ dù wén。
岐王宅里寻常见，崔九堂前几度闻。

zhèng shì jiāng nán hǎo fēng jǐng, luò huā shí jié yòu féng jūn。
正是江南好风景，落花时节又逢君。

江南：此处指今湖南省一带。
寻常：经常。
落花时节：暮春，春天快要过去的时候。落花的寓意很多，人衰老飘零、社会的凋敝丧乱都在其中。
君：指李龟年。

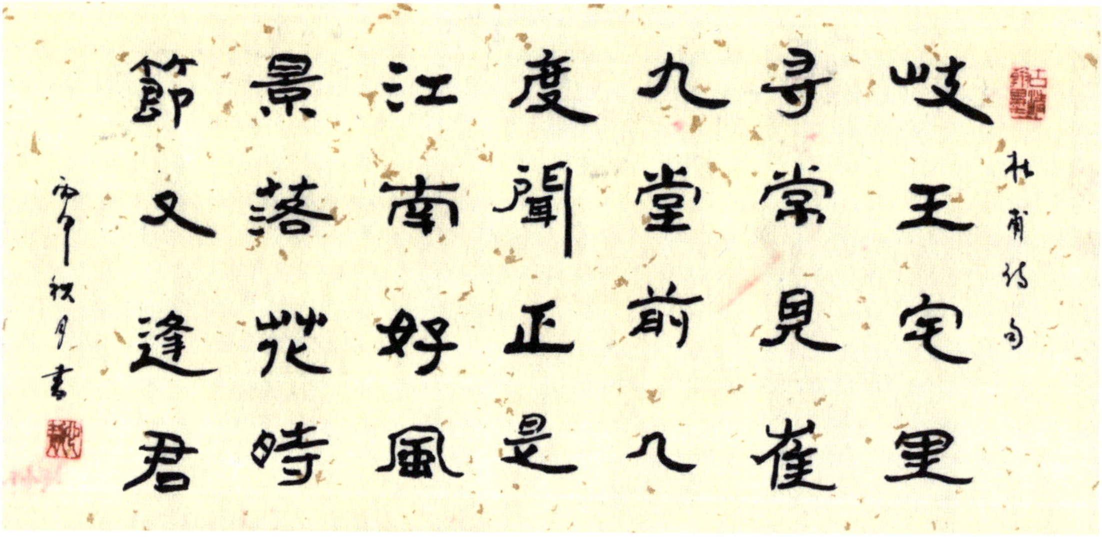

王芳父亲王庆瑞书法作品

第一句“岐王宅里寻常见”，岐王是指李隆基的弟弟，名叫李范。岐王超级喜欢音乐，喜欢文学，盛世时也没什么事，天天就是弹琴唱歌交朋友，这句话是说以前在岐王的宅子里经常听您弹唱。

第二句“崔九堂前几度闻”，崔九是唐明皇的一名宠臣，特别喜欢音乐，所以经常请李龟年来家里弹琴唱歌。崔九本名崔涤，是中书令崔湜的弟弟，在家中排行老九，大家习惯叫他“崔九”。这句话是说当年在崔九的府上也听过好几次您的演出。这两句都在表达对当时美好情景的回忆，杜甫当年也因为诗文卓越，而经常被这些名流邀请，所以那个时候，他们都还年轻，没有想到会经历战争，会国破家亡。

第三句第四句：“正是江南好风景，落花时节又逢君。”字面意思是，没有想到，在这江南美好的季节里，落花时节能碰巧遇上您这位老相识。“落花时节”一语双关，一个是说现在的季节，春天快要过去的时候；一个也是在说当年的繁华落幕了，两位在这个有点悲凉的落花时节相遇了。其实大家可以想象一下这个情景，一位老歌唱家和一位老诗人在颠沛流离中相遇了，按照杜甫的才华他完全可以用长篇大论写当年的盛世，可是他这次惜字如金了，一共28个字，却感觉一切都在不言中，所以后面这两句同学们要好好体会下。

这首诗四句话，写尽了40年的风雨沧桑，而且不着痕迹，不得不说，杜甫高人也。

“安史之乱”给很多人带来了灾难，也让这些艺术家们写出了很多报效祖国、怀念家乡、思念朋友的诗歌。今天这两首与李龟年有关的小诗，你们是不是已经会背了？

啥叫田园诗？

田园诗，一写出这三个字，就感觉一股淳朴的气息扑面而来，田园诗就是描写田园生活的诗。远离城市，远离喧嚣，这是我喜欢的日子。

中国的田园诗谁是鼻祖呢？不是孟浩然，不是王维，而是一个叫陶渊明的大文学家，他是东晋人。背诵《朝代歌》："三分魏蜀吴，二晋前后延。南北朝并立，隋唐五代传。"这几句中可以看到，二晋前后延，就是指西晋和东晋，东晋时代有个大文豪陶渊明，他不为五斗米折腰，自己辞官到农村生活，一去就是20多年，写下了很多描写农村生活的诗歌。你们熟悉的"采菊东篱下，悠然见南山"，就是陶渊明的代表作。从东晋末年到唐朝经历了南北朝和隋朝，几百年的历史沧桑，更让大家羡慕陶渊明笔下的世外桃源。

我觉得陶渊明对于唐朝诗人的影响不仅仅表现在诗歌上，更重要的是生活态度。唐朝很多诗人仕途都不顺利，这个时候他们就会想，不如像陶渊明一样归隐山中，所以他们都把陶渊明当偶像，我也一样。

今天，我来推荐两首我自己特别喜欢的田园诗，一首是王维的《山居秋暝》，一首是孟浩然的《过故人庄》。上一篇我已经说过，孟浩然和王维都是唐代田园诗的代表人物，他们的诗中这两首又是最脍炙人口的。小朋友们问问爸爸妈妈，他们一定都会背，所以今天看完王芳阿姨的这一篇文章，大家争取把这两首诗背诵下来。如果以后有人问你，什么是田园诗，你就可以大声回答他：“描写自然田园风光以及诗人隐逸生活的诗歌就叫田园诗。”

先来看王维的《山居秋暝》，这首诗名字中有“秋”字，一看就是写秋天的景色，“暝”字指夜色。初秋时节王维同学把傍晚在山中看到的景色写了出来，没想到，这诗就流芳百世，成为代表作了。

扫一扫，
听王芳为你读诗

shān jū qiū míng
山居秋暝

王维

kōng shān xīn yǔ hòu, tiān qì wǎn lái qiū.
空山新雨后，天气晚来秋。

míng yuè sōng jiān zhào, qīng quán shí shàng liú.
明月松间照，清泉石上流。

zhú xuān guī huàn nǚ, lián dòng xià yú zhōu.
竹喧归浣女，莲动下渔舟。

suí yì chūn fāng xiē, wáng sūn zì kě liú.
随意春芳歇，王孙自可留。

暝：天黑。
空山：空寂的山谷。作者常用“空山”的意象，但不是指物理上的空旷，主要是指没有人的活动的干扰。
浣女：水边洗衣服的女子。
随意：任凭，尽管。
春芳：春天的芳菲。
歇：消散，消逝。

后人评价王维的诗是“诗中有画，画中有诗”，这首诗如果你读懂了，可能立刻就明白了王维不只是在写诗，真的是在用诗来作画。

首联：“空山新雨后，天气晚来秋。”秋天的傍晚，空旷的群山刚下了一场雨，万物为之一新。夜晚降临，使人感到已是秋初。“空”字很有意境，说明这个地方人很少，确实像世外桃源。

颔联：“明月松间照，清泉石上流。”皎洁的月光从松树的间隙中照了下来，清清的泉水在山石上流淌。这两句话是后人画国画特别喜欢配的两句诗，确实很有韵味。因为是秋天，其他的花儿可能都谢了，但是松树依然常青。松、月、泉、石这四件东西，一句话就描写出来了，还让人这么舒服，确实太有功力了。

颈联：“竹喧归浣女，莲动下渔舟。”竹林里传来了一阵阵欢声笑语，是洗完衣服的姑娘们回家了，亭亭玉立的荷叶突然摆动了起来，是顺流而下的渔舟，划破了荷塘的宁静。哎呀，真心感叹，王维太会写了，每个字都如此准确，改动一个字都觉得没有这么美了。王维这个人确实值得研究，他不但特别会写诗，还会画画，关键还会唱歌，没什么他不会的。这要在我们这个时代，估计就是第一网红啊。

尾联：“随意春芳歇，王孙自可留。”春天的芳菲已经走远了，秋天真的来了，但是秋天也很美，王孙们尽可以在这里享受秋色的美好。这句话背后的意思可深了，大家仔细看：春天万物复苏景色美好，大家都去追求，这里主要指仕途。当官大家都喜欢，但是对“我”来说，仕途的“春天”已经过去了，一个人在这里过清净的日子，“我”看也不错，就像这秋天，一样有它的美。“王孙”最早指贵族的子孙，这里就是指在山间隐居的人。这句话我中学时候就会背，因为这句话里有我的名字，王芳，当时我还在想，是不是我老爸读了这首诗，给我起的名字，而且我妈姓孙，都有了，后来问我爸，发现没啥关系，是我自己使劲往上贴，哈哈！

很多人都在研究孟浩然和王维的田园诗有什么共同点，有什么不同点，好多文学博士都拿这个标题来写论文。我觉得这个关键是要看经历，孟浩然几乎没有仕途经历，所以他骨子里就是百姓思路，真实朴实不做作；王维则完全不一样，他成年之后大部分时间都在当官，过着半官半隐的生活。说白了就是孟浩然的田园生活是真正的农舍生活，而王维即使归隐，也是住着大别墅的感觉，就是两个人骨子里的生活方式不一样。孟浩然是让人心疼的男人，王维是让人欣赏的男人。

再来看一首孟浩然的田园诗，也是名作，大家感受一下他和王维骨子里的不同啊！

扫一扫，
听王芳为你读诗

guò gù rén zhuāng
过故人庄

孟浩然

gù rén jù jī shǔ　yāo wǒ zhì tián jiā
故人具鸡黍，邀我至田家。

lǜ shù cūn biān hé　qīng shān guō wài xié
绿树村边合，青山郭外斜。

kāi xuān miàn cháng pǔ　bǎ jiǔ huà sāng má
开轩面场圃，把酒话桑麻。

dài dào chóng yáng rì　huán lái jiù jú huā
待到重阳日，还来就菊花。

绿树村边合，青山郭外斜：村庄隐在林中，所以说是“合”；青山逶迤城外，所以说是“斜”。前一句写近景，后一句写远景。
场圃：打谷场与菜园子。
把酒：端着酒杯。
话桑麻：谈论农事。
就菊花：古人重阳日有饮菊花酒的习俗。就菊花，即暗含重来欢饮之意。

题目中的“故人”就是指老朋友，“故人庄”就是老朋友的田庄，也可以简单地理解为老朋友的家。前面的“过”，就是探访的意思。整首诗写的是拜访老朋友田庄时看到的一些美景和心里的感受。

首联：“故人具鸡黍，邀我至田家。”老朋友在家准备了丰盛的饭菜，请“我”去他家做客。“具”是准备的意思，“鸡黍”语出《论语·微子》“杀鸡为黍而食之”，后指农家丰盛的饭菜。所以这句话就是说朋友准备了丰盛的饭菜等“我”去，这句话里也有客气的意思，就是感谢人家弄了这么好的饭菜，请“我”来做客。

颔联：“绿树村边合，青山郭外斜。”翠绿的树林围绕着村落，青色的山峦就横卧在村外。村庄翠绿又连接着青山，和村里的房子形成了一幅美丽的画面。“郭”字就是外城的城墙的意思，古代“城”为内城的墙，“郭”为外城的墙，这里就是指村子的四周。很多人在比较孟浩然和王维的诗时，经常把这两句和“明月松间照，清泉石上流”比较，两者都是田园诗的经典名句，都是描写风景，都是一幅山水画，都应该牢牢地记在心里。

颈联：“开轩面场圃，把酒话桑麻。”轩，此处指窗。打开窗户，对面就是打谷子的场子，还有菜园子，“我”和朋友喝着小酒聊聊庄稼的长势。这句话充分表明了孟浩然朋友的身份。他是一个自给自足的农民，自己种着菜园子，自己种谷子、打谷子，还和孟浩然说哪个庄稼长得好，哪个收成不错，孟浩然自己也乐在其中。这首诗是孟浩然归隐鹿门山时的作品，孟浩然是个大诗人，可是此刻他已经完全和农民朋友融为一体。六句诗句句自然，一点都不刻意，把我们仿佛带到了那个村庄的酒宴上。

尾联：“待到重阳日，还来就菊花。”这两句话明显地表达了诗人不愿意离开的心情，简直是恋恋不舍啊，说等到重阳节的时候，“我”还得来，我们相约来看菊花，共饮菊花酒。“还”在这里读 huán。读了这首诗，我仿佛都可以看到眼前的美景，更为孟浩然的朴素大大地点个赞。

亲爱的同学们，今天我讲了两首田园诗，认真读过之后，我建议大家找来画笔、画纸，把这两首诗按照你的理解画出来，一定是两幅美好的作品，然后签上你的名字，写上“读诗之后，有感而发”。哎呀，有没有感觉自己都变成唐朝的小书生了？

摄影 / 刘亮 汪正影业

一首诗，救了王维的命

前面我说了，“安史之乱”影响了很多人的生活，包括王维。

当时唐明皇李隆基出逃蜀地的时候，王维正好不在朝中，没有赶上，所以就掉队了。很快安禄山的部队来了，王维不幸落入安禄山之手。安禄山一向倾慕王维的才华，要知道，那个时候王维已经五十多岁了，名满天下。

安禄山当时在洛阳称帝，国号大燕。他把原来李隆基宫中的宝贝、美女，能抢的、能拿的，全部弄到了洛阳，真的以为自己是皇帝了，自我感觉好极了。当然，他也知道，他得弄点文人来给自己撑撑门面，于是找人把王维也带到洛阳来，关在一座寺庙中，还逼他出来做官。

王维这个人性格比较阴柔，不是刚烈之人，他不会明着反抗，只能默默地反抗。据说他为了不出来当官，吃了拉肚子的药，弄得病恹恹的。

王维有个好朋友叫裴迪，也是个文人，当时得知了王维的遭遇，特别担心他，冒死到洛阳的寺庙中来看王维。他的到来让王维纷乱的心平静了一点，同时也给王维带来了一些消息，关于安禄山的消息。

据《唐诗纪事》记载，安禄山叛变唐王朝后一直不得民心，但是他希望大家能渐渐地接受他，于是在洛阳的凝碧池畔大宴宾客。当时安禄山掳来了不少梨园子弟，让他们演出，这些梨园子弟都是很有气节的，一边演奏，一边哭，他们觉得家园没有了，来给安老贼演出，真是没有办法。安禄山看到有人在哭，很生气，说谁再哭，就把他拉出去斩了！这时有一个乐师叫雷海清，一气之下把琴砸了，安禄山当时就下令把他处死，还碎尸。但这种做法不但没有吓唬住大家，反而让这些梨园子弟更加恨安禄山了。

裴迪给王维讲了这些事，作为朝廷老臣，王维心里超级难过，当时没有笔，就随口吟诵了一首《凝碧池》，让裴迪给带出去。

后来王维回到李亨身边，李亨就是唐明皇李隆基的儿子唐肃宗，他听说王维曾经去给安禄山当臣子，很是生气。按说这是大罪，但是王维这个人人缘还是不错的，很多人都替他说情，有人还提到了他的那首诗《凝碧池》，想证明王维心里一直是向着大唐的。李亨听说了这件事，专门让大臣找到裴迪，问了当天事情的经过。裴迪一五一十地和盘托出，大臣回来向李亨报告，再加上王维的弟弟王缙当时已经是刑部侍郎了，他上书皇帝，请求自己降职，替哥哥赎罪。在这样的情况下，肃宗也就顺水推舟，没有给王维治罪，要不然，去任伪职，是要杀头的。

这首诗虽然没有太大的名气，但是对王维的一生非常重要。那么这首救命之诗是什么样的呢？

níng bì chí
凝碧池

王维

wàn hù shāng xīn shēng yě yān
万户伤心生野烟，

bǎi liáo hé rì zài cháo tiān
百僚何日再朝天？

qiū huái yè luò kōng gōng lǐ
秋槐叶落空宫里，

níng bì chí tóu zòu guǎn xián
凝碧池头奏管弦。

野烟：指荒僻处的霭霭雾气。这里指战火。
凝碧池：唐代洛阳禁苑中地名。

第一句“万户伤心生野烟”，这一句点题非常明确，表达了王维对国破家亡的悲愤。“野烟”就是指荒凉地方的雾气，这里的“万户”就是千家万户的意思。整句的意思是战争让国家残破荒凉，百姓生活潦倒。

第二句“百僚何日再朝天”，“百僚”就是指文武百官，“朝天”是指朝拜大唐天子。整句话的意思就是文武百官什么时候才有机会再朝拜大唐天子呢？这句话描写了王维当时内心的苦闷，自己被弄到了安禄山的手里，国家到底是否还存在，自己是否还能回去，这一切都是未知数，所以本句七个字写得非常准确。

第三句第四句：“秋槐叶落空宫里，凝碧池头奏管弦。”这两句用对比的手法描写了当前的现状，一边是宫殿空空如也，皇帝已经西逃了，秋天槐树的叶子散落在宫殿里，这种悲凉的程度也真是没谁了。而另一边安禄山却在洛阳的凝碧池奏起管弦，“我”的心中无限悲愤。

应该说这首诗不是特别有名气，也没有编入《唐诗三百首》中，但是这首诗记录了一个重要的历史事实，也就是“安史之乱”对每个人实实在在的影响。

安禄山自称皇帝以后生活很荒淫，多行不义必自毙，最后他死得特别惨。据说是在睡觉的时候被他的儿子和贴身服侍的小太监联手给杀死了，再次说明世界是公平的。小太监也太胆大了，怎么敢杀死主子？就是因为安禄山晚年患有眼病，脾气特别大，经常对手下人发飙，尤其对这个贴身太监李猪儿，老是又打又骂，李猪儿对他恨之入骨。后来小太监和安禄山的儿子联手深夜进入安禄山的寝宫中，安禄山有眼病，看不清楚，被李猪儿一刀捅死了。这死的也太不值了！

我今天讲这首诗，是为了让大家了解王维，其实每个诗人，他的写作都是和自己的生活经历息息相关的。王维经历了这场灾难，差点被杀头，回到朝廷后，虽然恢复了官职，但是他对官场已经少了很多的兴致，再也不像年轻时那样充满朝气，使劲往前冲了。他本身就是个温润如玉的才子，并不是那种侠肝义胆的壮士，但是在这件事的发展过程中，我们可以看到很多人都在保护王维，这也跟他平时宽厚待人、性格和善有关。王维一生都觉得到安禄山那边当官是自己极大的污点，其实现在看来也能理解，而且王维也是做了很多反抗的，并不是主动当叛徒。当时还有很多人主动投奔安禄山，坚决背叛大唐朝，以为安禄山真的是新主子了，王维肯定不属于这样的人。

之后王维多半的诗少了锐气，更多的是描写美景，所以他最后成了山水田园派诗的代表人物。

谁是裴秀才？

裴秀才就是唐朝诗人裴迪。在前面的文章中，我曾经讲过，“安史之乱”时，王维被安禄山整到洛阳一座寺庙中，非常落魄，一个叫裴迪的人千辛万苦去洛阳看望他。后来王维差点儿被判刑，也是裴迪出手相救，原原本本讲述了当时发生的事情和王维作的那首《凝碧池》的诗，才算救了王维的命，可见王维和裴迪的关系非同一般。

这个裴迪一辈子也没当上什么大官，很多人尊称他为裴秀才。秀才是指才之秀者，本是举荐人才的一个科目，后来演变为对所有读书人的尊称。裴迪是个典型的读书人，虽然我们现在看到的他的作品不多，但是王维现存的诗中，有几十首都是与裴迪有关的，写于不同的年代，可以看得出来，裴迪是王维最好的朋友。他们都喜欢写山水田园诗，经常互相对诗，尤其是在王维晚年的时候，裴迪与他的互动很多，对仕途失望的王维把更多的时间放在山水间，而这个时候，裴秀才就成了他最贴心的朋友。

裴迪除了与王维交往甚多之外，和当时的很多文人都有交集，所以我们在《全唐诗》中经常看得到裴秀才的身影。虽然他不是什么大官，但是不妨碍他有很多朋友。比如唐代诗人钱起在裴迪家书房赏月之后写了《裴迪书斋望月》。钱起是大历年间的翰林学士，非常了不起的文人，被称作“大历十大才子”之首。从诗中看，他和裴迪关系不错，你想想，都到裴迪家中赏月了肯定不是一般关系啊。还有崔九，当时皇帝的宠臣，本名崔涤，排行老九。裴秀才和崔九应该也是好朋友，裴秀才有一首诗被编入了《唐诗三百首》，这首诗的名字就叫《送崔九》，是一首五言绝句。《唐诗三百首》是清朝的蘅塘退士编著的，全书只挑选了 311 首唐诗，是从几万首诗中选出来的，想必每一首都是精品，而裴秀才只给后人留下了 30 首左右的作品，竟然有一首被选上了，真心不错，我们来看看这首小诗：

sòng cuī jiǔ
送崔九

裴迪

guī shān shēn qiǎn qù
归山深浅去，

xū jìn qiū hè měi
须尽丘壑美。

mò xué wǔ líng rén
莫学武陵人，

zàn yóu táo yuán lǐ
暂游桃源里。

丘壑：山陵和溪谷。山野幽闭的地方。

一看这首诗，就感觉和王维的五言绝句很像，味道很像。哈哈，怪不得他们是老朋友呢！从这首诗的名字就能清楚地看出来这是一首送给友人的诗，是劝勉诗。崔九在很年轻的时候曾经和王维、裴迪一起隐居了一段日子，每天作诗看景读书，生活得优哉游哉。可是毕竟崔九那个时候很年轻，老在山里待着还是觉得有遗憾，终于有个机会能到朝廷当官，崔九赶紧去了。这一去，还真是不错，受到了唐明皇的赏识，崔九还是很得意的。

但是在唐明皇执政的后期，由于任用了大奸臣李林甫，再加上皇帝每天和杨贵妃作诗唱歌，根本没有心思治理国家，导致政治黑暗。这些文人心里都很失望，于是崔九决定再次隐居，就是说皇帝你不待见“我”，那行，“我”走了，不当官了行不行，别拉着“我”！

崔九这次准备归隐，裴秀才前来送行，于是有了这首小诗。

前两句：“归山深浅去，须尽丘壑美。”意思是：这次归隐到山中，不管你到深山，还是到比较近的地方，都一定要好好地看看风景，体会下山川之秀美，树木之幽静。丘壑就是指山野僻静的地方，也指隐者所居之处。这两句话看似非常简单，但是道理很深刻，就是劝勉朋友既然选择了归隐，就要一心一意，不要改变初衷。前边我也说了崔九曾经在山里待着待着，发现有个机会就出山了，而这次，裴秀才希望老朋友不要再受到世俗的诱惑，好好看看大自然。

后两句：“莫学武陵人，暂游桃源里。”这个就要了解下典故了。前面我也简单提过，在东晋时期，有个大文学家叫陶渊明，写了一篇美文《桃花源记》，里面写了一个武陵打渔的人。有一天，他坐船出去打渔，忘记了路程的远近，突然遇到了一片桃花林，桃花特别鲜艳美丽，落花纷纷散在地上，简直是人间仙境。再往前走，就发现了一座山。山前有个小洞口，洞口有亮光，于是他下了船，从洞口钻了进去。走了几十步，眼前突然开阔了，有一排排整齐的房子，肥沃的土地，美丽的沼泽，翠绿的竹林，田间小路交错相通，鸡鸣狗叫到处可以听到，老人和孩子都自得其乐，很安静美好。

大家看到武陵渔人，就问他是从哪里来的，渔人诚实回答。桃花源里的人说，他们的祖先为了逃避秦国战争带领全家人来到了这个地方，和外界彻底断了来往。桃花源的人都不知道外边是什么朝代，也不知道还有西东汉和三国两晋。大家听说武陵渔人来了，家家户户的人都来看他，还请他吃饭。几天后武陵渔人要走了，桃花源里的人说，您出去以后啊，就不要和别人说起我们了，我们就想过这样安静的生活。

结果这个武陵人出去以后，没有信守承诺，悄悄地在路上做了好多记号，回去就报告了太守。太守带人来找桃花源，结果一直没有找到。千百年来，大家都是读着《桃花源记》长大的。我小的时候学习这篇课文，满心都在期待我能碰到桃花源里的人，于是每次走到有山洞的地方，就想钻进去看看。同学们，听我讲完，你们是不是也想去看看桃花源呢？而这首《送崔九》的后两句“莫学武陵人，暂游桃源里”，就是劝勉朋友崔九不要和这个武陵的渔人一样，都已经找到世外桃源了，却只待了几天就出去了。

四句话却带出了一个大道理，可见裴秀才也不是一般人啊。在文学史上裴迪的名字经常和王维一起出现，很多王维的诗中就有裴迪两个字，比如《唐诗三百首》中收录的《辋川闲居赠裴秀才迪》。你看，裴秀才又一次出现在《唐诗三百首》中了，这次更加直接，就是王维在辋川归隐的日子里，写给好朋友裴迪的诗。翻开《王右丞集》，你可以看到王维给裴秀才写了好多诗和信：《酌酒与裴迪》《山中与裴秀才迪书》《赠裴十迪》等，每一篇都充满真情实感，所以我猜想，裴迪是情商高又有才华的人，要不王维怎么一直这么欣赏他呢？

扫一扫，
听王芳为你读诗

wǎng chuān xián jū zèng péi xiù cái dí
辋川闲居赠裴秀才迪

王维

hán shān zhuǎn cāng cuì, qiū shuǐ rì chán yuán
寒山转苍翠，秋水日潺湲。

yǐ zhàng chái mén wài, lín fēng tīng mù chán
倚杖柴门外，临风听暮蝉。

dù tóu yú luò rì, xū lǐ shàng gū yān
渡头余落日，墟里上孤烟。

fù zhí jiē yú zuì, kuáng gē wǔ liǔ qián
复值接舆醉，狂歌五柳前。

辋川：水名。在今陕西省蓝田县南终南山下。宋之问在这里建有蓝田别墅，后为王维所得，隐居在此。
寒山：指秋山。秋天气候转凉，故称。
苍翠：青绿色。
潺湲：水徐缓流淌的样子。
暮蝉：寒蝉，蝉的一种。据说可以叫到深秋。

这是一首诗、画、音结合得非常完美的五律。从这首诗的题目可以看出来写诗的地点，这个辋川，在唐代可是很出名的，位于今陕西省蓝田县。前面王芳阿姨说了，王维前半生在仕途上的追求很多，可是后来渐渐地觉得政治黑暗，就到辋川这个地方隐居，半官半隐。对于朝廷的事情也没有那么较劲了，只要能让我写诗作画，流连于山水间就不错。这首诗是律诗，一共八句，写的是秋天的景色。这首诗的题目意思是："我"在辋川闲居，秋色宜人，此情此景，写首诗送给裴秀才。

首联："寒山转苍翠，秋水日潺湲。"是写景的佳句，是写辋川附近美丽的秋景的，说附近的山都渐渐地变深了颜色，更加苍翠，秋天的河水和溪水日复一日地流动，潺潺作响。这句话里注意两个字，"转"和"日"用得很不错啊。山本来是静止的，用了"转"字，一下子感觉动了起来。你看远处的山的色彩更加深了，而后面那句中的"日"也一样，本来水是流动的，"日"字让人感觉是永恒的。十个字，动静结合，王维写的诗真的让人看见了画面，可以无限想象。

颔联："倚杖柴门外，临风听暮蝉。"开始写人了。"倚杖"表明诗人的年龄，什么年龄的人需要拄个拐杖呢？当然是老年人，大家看你们院子里的爷爷奶奶，出门有可能会拄拐棍，说明写这首诗的时候王维已经是暮年了。从这句话大家依旧可以想象一幅画面，王维拄着拐杖站在柴门外，迎风听着傍晚秋蝉的鸣叫。其实看看唐代这些大诗人，虽然有很多朋友，但是我总觉得他们大部分时间是孤独的，是一个人在感受大自然的，这点我们现代人真的应该学习。我们现在基本没有时间仔细品味春风秋雨，有时间大家都用来看手机了，好悲哀的有没有？王芳阿姨希望同学们读了这本书之后，能学学古人，让自己静下来，去欣赏大自然的美景。

颈联："渡头余落日，墟里上孤烟。"又从写人回到写景上，夕阳就要落山了，炊烟袅袅升起，这是田野中非常普遍的黄昏景象。"渡头"

就是渡口，有水有船，夕阳西下，很美的景色，而“墟里”就是指村落。我觉得王维受陶渊明的影响还是很大的，陶渊明先生有一系列特别著名的五言诗《归园田居》，在第一首中就有两句：“暧暧远人村，依依墟里烟。”王维肯定特别喜欢陶公这两句诗，所以也用了同样的景色描写。这两句诗的意思是说渡口那边的太阳就要落山了，村落里的炊烟一缕缕地飘散。哇，好美啊，我都感觉自己就是村子里做饭的丫头了，好宁静。

尾联：“复值接舆醉，狂歌五柳前。”这里面有两个人物出现了，接舆和五柳先生，一个一个来讲。接舆是春秋时期楚国著名的隐士，名陆通，接舆是他的字，非常有能力却不想出来当官，于是剪掉头发，假装发疯。他和孔子是同一个年代的人，曾经坐着马车唱着歌从孔子门前经过，讽刺孔子积极从政。他觉得文人就应该归隐，自己种田，和大自然在一起。当时楚国的君主听说接舆这个人很牛，派侍从拿了好多金银来请他出山，结果接舆毫不留情地拒绝了。王维这首诗里写接舆是在比喻裴秀才，裴迪这个人也是一辈子远离政治，当然不仅仅是他自己清高，还因为当时政局动荡，裴秀才干脆远离，和王维一起隐居了。这两句诗中还有一个人是五柳先生，这是陶渊明笔下的一个人物。陶渊明写过一篇文章《五柳先生传》，里面的主人公因为房子旁边有五棵柳树，自称“五柳先生”，也是一位隐者，淡泊名利，每天饮酒作诗，其实就是陶公的自我写照，所以后来人们也称陶公为“五柳先生”。而在这首诗的最后一句中出现的“五柳”，是王维比喻自己，他把裴秀才比喻成接舆，把自己比喻成陶渊明，或者说他期待是这样的。你们发现没有，裴秀才和王维都是超级喜欢陶公的，他们的诗句中不断提及，说明在他们的心中陶渊明是超级偶像。其实我也特别崇拜陶渊明，也向往世外桃源的生活，哈哈。了解了这两个人，这两句话就很好理解了，意思是：“我”又遇到喝醉了的像接舆一样的裴秀才，在像陶公一样的“我”的面前大声歌唱。

两首诗看下来，我们更加了解了唐代书生的生活，他们有追求有品位，热爱大自然，热爱朋友。虽然这个裴秀才没有太大的名气，但是我用了很大篇幅来写他，就是想让同学们更真实地了解当时文人的生活。

裴秀才自己写的《送崔九》和王维送给他的这首诗都被收录到《唐诗三百首》中，所以这两首诗是五言经典，依旧建议同学们把两位书生按照你的理解画出来，这样就一辈子也忘不了了！

摄影／刘亮 汪正影业

王维的五首小诗，真牛

题目中我用了五首小诗的“小”字，其实这几首诗任何一首都是大名鼎鼎，都绝对应该背下来。只不过王维比较擅长写五言诗，而我个人觉得五言诗最难写，因为用最少的字表达最多的意思，这个需要境界，需要扎实的基本功和丰富的人生经历。

这五首诗有四首都被收录在《唐诗三百首》中，要知道，能入选《唐诗三百首》可不是一件容易的事情，因为清代编著的《全唐诗》中一共有将近五万首诗，从这么多诗中选出 311 首，您说得多不容易。而这 311 首里，有 29 首是王维的作品，作品数量仅次于杜甫，充分说明了王维的“江湖地位”。他可能没有李白、杜甫那么出名，但是他确实是盛唐时期最著名的诗人之一。

《唐诗三百首》是清朝乾隆皇帝年间，一位文人蘅塘退士编辑的，可想而知，这位蘅塘退士得读了多少首诗才编出来。当时这位先生编辑这本书就是为了家塾幼童学习方便，他的梦想真的实现了，直到今天很多孩子的第一本唐诗启蒙书依旧是《唐诗三百首》。

熟读唐诗三百首，不会作诗也会吟。

今天我们要看的五首诗每一首都不长，但是在我之前讲了王维的生平之后，大家读他的诗，可能会更有感触。

扫一扫，
听王芳为你读诗

鹿柴

lù zhài

王维

kōng shān bú jiàn rén
空山不见人，

dàn wén rén yǔ xiǎng
但闻人语响。

fǎn yǐng rù shēn lín
返景入深林，

fù zhào qīng tái shàng
复照青苔上。

空：空阔、空旷。
但：只，仅仅。
闻：听到，听见。
复：又，再。

注意题目中的“柴”不是柴火的意思，是木栅栏的意思。鹿柴就是用带枝杈树木搭成的栅栏，形似鹿角而得名，“柴”的读音要注意，读zhài。鹿柴是王维自己居住的辋川别业中的一景。

前两句：“空山不见人，但闻人语响。”这两句诗是典型的以动衬静的诗句。我们看到很多描写景色的诗句开头一般都是写松啊、石啊、竹啊、花啊什么的，但是这首诗不走寻常路。前两句说空空的山野上仿佛没有一个人，但偶尔却能听到别人的说话声和朗朗的笑声。“响”是和“空山”对应的，只有在没有太多障碍物的情况下，声音才会在空山中回荡。

后两句：“返景入深林，复照青苔上。”“返景”的“景”读yǐng，同“影”，“返景”是落日返照的意思。这两句诗的意思就是夕阳照进了树林，又照在了幽暗处的青苔上。因为白天的太阳其实很难照进森林深处，青苔也是长在阴湿处的植物，但是夕阳的光辉却恰恰照到了它们。

王维在他四十岁的时候，营建了“辋川别业”，是一套大宅子。注意这宅子不是一套房子的概念，而是一个庄子，后面还有山岗，从山岗上去进入山中深处，风景独特，王维给这里题名“鹿柴”，这首诗写的就是这里的景色。在这个别墅中，还有很多像“鹿柴”一样的景点，后面我们慢慢讲。王维晚年一直在这里度过，很多山水田园诗都创作于此。

扫一扫，
听王芳为你读诗

zhú lǐ guǎn
竹里馆

王维

dú zuò yōu huáng lǐ
独坐幽篁里，

tán qín fù cháng xiào
弹琴复长啸。

shēn lín rén bù zhī
深林人不知，

míng yuè lái xiāng zhào
明月来相照。

竹里馆：辋川别业的一个景点。
篁：竹林。

这首诗是王维晚年的作品了，王维经历了很多大风大浪，内心归于平静，一个人经常在月下自家的园子里溜达。就是我前面说的陕西蓝田那个园子，基本上是一大片山下的园林，鹿柴是它的一个景点，竹里馆是它另一个著名的景点，也是王维非常偏爱的一个地方。现在的人喜欢的花儿基本上都是玫瑰、百合什么的，在中国古代，人们多喜欢花中四君子——“梅兰竹菊”，它们都是很高洁的植物，特别是竹子，受到更多古代文人的偏爱。比王维晚将近1000年后，清朝有个著名的画家郑板桥，也超级喜欢竹子，画了很多关于竹子的名画，还写了一首咏竹的诗《竹石》：“咬定青山不放松，立根原在破岩中。千磨万击还坚劲，任尔东西南北风。”这首诗充分说明竹这种植物宁折不屈，不断地经历风雨，却“千磨万击还坚劲”。正因为喜欢竹子的这种特性，王维在自己的园林中建造了一个竹里馆，有天夜里，他在竹里馆吟唱，一时兴起，写下了这首千古名诗。

第一句第二句：“独坐幽篁里，弹琴复长啸。”幽篁就是指幽深的竹林。长啸就是用嘴巴发出长而清越的声音，有点类似吹口哨。这句话很有意境，意思是：“我”独自坐在幽深的竹林里，一边弹琴一边高歌长啸。这里要注意，王维可不是一般的会弹琴，他是个音乐奇才。据记载，王维的乐感超级好，喜欢弹琴吟诗画画，而且在每个领域都有杰出表现，确实是大才子。

第三句第四句：“深林人不知，明月来相照。”这两句的意思很简单：没有人知道“我”在深林之中，只有明月是“我”最好的伙伴，它特意用光辉照耀着“我”。这首诗写出了一片清净安详的境界。前一篇中我们了解了王维的人生经历，“安史之乱”之后王维的人生态度有了重大改变，不再争名夺利，看淡了很多东西，经常一个人或者邀请一两个朋友在自家的园子里弹琴唱歌作诗。这首诗表达了王维内心的安静，即使没有人，就“我”一个人也不寂寞，因为有明月相伴。20个字的小诗，信手写来，却妙手天成。

shān zhōng sòng bié
山中送别

王维

shān zhōng xiāng sòng bà
山中相送罢，

rì mù yǎn chái fēi
日暮掩柴扉。

chūn cǎo míng nián lǜ
春草明年绿，

wáng sūn guī bù guī
王孙归不归？

绿：点明送别的时间为春天。
王孙：贵族的子孙。犹言公子，此为对送别者的敬称。

这首诗我特别喜欢，它是送别诗中的精品。王维的选材特别新颖，没有选择送别的那个瞬间，而是写朋友走了自己转身关门的过程。这首诗我小的时候背过，但是当时并没有老师给我讲过这个意境，所以自己并没有理解王维的深意。如今我 40 岁了，再来看这首诗，一下子体会到了作者所有的感受，所以我特别想把我几十年后体会到的这种情感告诉孩子们，相信你们会和我一样爱上这首诗。

我试着换一种方法来解释这首诗，尽量还原王维当时的情境：日落西山，老朋友走了，“我”送出了大门。一转身，把柴门关上的那一瞬间，心里有些酸楚，这一别，不知何日再相见？明年春天，草儿一样会绿，朋友啊，那个时候你还会回到这里吗？

“罢”就是结束的意思。“掩柴扉”就是关上柴门，这个动作可能王维每天都会做，但是这一天不一样。因为送走了友人，脑海中还在想着白天和友人在一起的快乐时光，这一刻，多少有些落寞，“掩柴扉”这个动作平添了多少想象！

后面两句王维用了一句《楚辞》中的典故，是从《楚辞·招隐士》“王孙游兮不归，春草生兮萋萋”来的。不过《楚辞》中这两句说的是游子出门很久了还不回来，春天的草又长高了。而王维这两句更牛，说朋友今天刚走，“我”就很期待下一次见面了，用这个典故衬托这个朋友的重要性，典故用得准确还不生硬。

扫一扫，
听王芳为你读诗

niǎo míng jiàn
鸟鸣涧

王维

rén xián guì huā luò
人闲桂花落，

yè jìng chūn shān kōng
夜静春山空。

yuè chū jīng shān niǎo
月出惊山鸟，

shí míng chūn jiàn zhōng
时鸣春涧中。

人闲：周围没有人事的烦扰。闲，安静，悠闲。
桂花：花瓣细小，有春花、秋花、四季花等不同种类，这里指春天开花的一种。
时鸣：偶尔啼叫。时，时而，偶尔。
涧：山间流水的沟。

据考证，这首诗是王维青年时期写的，那个时候正逢开元盛世，国泰民安。王维到一个朋友家做客，这个朋友叫皇甫岳，他的家叫云溪别墅，王维在朋友家参观过之后，写了五首诗，这是第一首。

前两句："人闲桂花落，夜静春山空。"意思是春日的山谷中没有什么人，只有桂花在静静飘落。夜晚，山中一片静谧。王维的山水田园诗被称作"诗中有画，画中有诗"，通过这两句我就仿佛可以看到一幅画面，夜色中山谷的春景。

后两句："月出惊山鸟，时鸣春涧中。"就更有意思了，这山里实在太安静了，夜晚山中的明月升起，月亮的光辉惊动了山里的鸟儿，扑啦啦的，鸟儿不时高叫着，飞向了春天的溪涧中。明月、桂花、山鸟、溪涧，这四样东西描绘了一幅美丽的画面，诗的背景正是唐朝盛世，安定统一、和谐的风景呼之欲出。

我自己最喜欢"月出惊山鸟"这一句，大家想想，静静的山里落花的声音都听得到，月亮升起来了，月光皎洁，鸟儿不适应，突然惊觉了起来，飞到溪涧中。这种感觉只有到过深山的人才会有切身的感受，写得太生动了。

读到这里，大家会不会对王维已经佩服得五体投地？反正我自己是比较欣赏王维的作品的。我一向喜欢有才华的人，我坚信有才华的人都是因为他们曾经努力过，因为不可能有一个人是天生有才华的，包括李白。很多人说李白天生就是一个才子，这怎么可能，研究李白很久，我深信李白从小饱读诗书，让他对文字的敏感度和使用更高一筹，所以他成为了"诗仙"。王维也是一样，据史书记载，王维和弟弟确实天资聪颖，但他们从小受到了良好的教育，学习也都超级刻苦，所以后来才会有这么大的成绩。看这本书的小读者，你们如果想将来拥有一个会思考的头脑，那么儿时的积累就非常重要。从今天开始，每天背诵一首小诗，20个字，坚持两个月，你就会发现自己进步大大滴。如果再能每天默写一首，哇，那就更棒了！

还有一首小诗，叫作《杂诗》，当时王维写了《杂诗》三首，今天我们讲的是其中最出名的一首，也被收录到了《唐诗三百首》中。这是一首寄托思乡之情的小诗，前面我们看的四首王维的绝句，都是以写景为重点的，这一首，却是典型的寓情了。

zá shī
杂诗（其二）

王维

jūn zì gù xiāng lái
君自故乡来，

yīng zhī gù xiāng shì
应知故乡事。

lái rì qǐ chuāng qián
来日绮窗前，

hán méi zhuó huā wèi
寒梅著花未？

来日：指动身的时日。
著花：开花。

前两句意思很简单：您从“我”的故乡来，一定知道“我”故乡发生的事情吧？后两句说，您来的时候有没有看到，“我”家窗前的一株腊梅，花开了吗？

我们想念故乡，往往是从一件小事，或者一个小物件开始的。比如我的家乡在包头，我每次想念家乡时，常常会想起以前我家门口的一片小树林，总是惦记着，总是做梦梦到。而王维用一枝腊梅表达了自己的思乡之情，大中见小，小中见大，是思乡诗中的精品。这里只有一个词我们第一次见到，就是“绮窗”。“绮”读“起”音，指花纹雕刻得很精美的窗户，这是诗中用的美称。

好了，今天的五首小诗都是绝句，20个字一首诗，但是每一首都是唐诗中的经典，大家看过了，读过了，对王维会不会有新的认识呢？

小斜杠的大作用

这几年做“第一训练营”，我发现很多宝贝有阅读恐惧症，就是在朗读一篇课文的时候，不是丢字就是多字，能够准确读下来的同学很少。

我们做主持人出身的，快速阅读是必须搞定的基本功。任何稿件拿上手就得读出来，还要一个字不差。尤其是对播音员要求更加严格，一篇新闻报道来了，你必须不差分毫地读出来，要不可能就会出现大问题。

我做主持人 20 年了，确实可以做到任何稿件拿来就读，绝对不打磕巴。那我是如何做到的呢？哈哈，我有独门秘籍，今天我也大方一次，和大家分享下王芳阿姨总结的速读经验。

这个经验就是划小斜杠。

你拿到任何一篇文章，或者课文，你就开始各种划，这个小斜杠可以帮助你克服阅读恐惧症。

比如下面这段话，王芳阿姨给大家标上小斜杠，大家来读读：

如此 / 寂寞 / 我还在 / 等待 / 什么呢？ / 天天出门 / 求仕途 / 却 / 一无所获。/ 本打算 / 归隐山林 / 寻花问草 / 去，可是 / 又因为 / 要和 / 老朋友 / 离别 / 深感惋惜。/ 身居高位 / 的人 / 谁能 / 保荐 / 我啊，这个世界上 / 知音 / 太少了，/ 稀若晨星。/ 也许 / 我这样的人 / 就应该 / 心甘情愿地 / 守着 / 寂寞，/ 我想，/ 我还是 / 回到 / 故园 / 闭门隐居吧。/

大家读一遍这段话，会不会觉得好神奇，竟然一遍就很顺？这就是神奇的小斜杠起的作用，其实是它们把词汇帮我们划分好了，这样你读的时候再也不会断句出错，也不会多字少字了。这真的是个好窍门，很多小朋友用完都说特别管用。我的搭档王为念老师之前一直有阅读障碍，每次录制节目有需要读的东西都是我来完成，后来我教会了他划小斜杠，现在他在现场读什么都不怕了。他一直和别人说我的小斜杠太厉害了。

那么刚才你们读的那段话是一首诗的译文，这首诗就叫作《留别王维》。这首诗是孟浩然 40 岁时到京城参加科举考试，却失意而归时写的。你想想，当时老孟诗文早已名满天下，李白都是他的粉丝，孟浩然去参加科举考试，本是志在必得，没想到名落孙山。看得出来，当时老孟心情郁闷，没人引荐，又要告别老朋友王维了。原诗如下：

留别王维

liú bié wáng wéi

孟浩然

jì jì jìng hé dài, zhāo zhāo kōng zì guī
寂寂竟何待，朝朝空自归。

yù xún fāng cǎo qù, xī yǔ gù rén wéi
欲寻芳草去，惜与故人违。

dāng lù shuí xiāng jiǎ? zhī yīn shì suǒ xī
当路谁相假？知音世所稀。

zhǐ yīng shǒu jì mò, huán yǎn gù yuán fēi
只应守寂寞，还掩故园扉。

芳草：来自《离骚》，此处孟浩然用以代表自己归隐的理想。
违：分离。
当路：当权者。
假：相助之意。

这首诗又一次彰显了孟浩然的性格，真是坦然，不错的一首精品诗，被收录到了《唐诗三百首》中。最重要的是，今天我们学会了一个阅读的好方法，大家不妨拿铅笔在我的这本书上试一下，划上各种小斜杠。时间久了，你都不用划了，只要拿起一篇文章，眼睛就帮你划了小斜杠，任何一篇课文你就都可以信手拈来了。

将进酒，杯莫停

终于要写到《将进酒》了，心中竟然还有点激动，这首诗对于我个人来说意义非凡。1996年我考内蒙古电视台，就是一路背着这首诗走到决赛的，所以这首诗我是一辈子都忘不掉了。

这首诗里有很多千古名句，比如大家都知道的“天生我材必有用”“人生得意须尽欢” 。因为整首诗都在说喝酒，好像在宣传纵酒行乐，看似有点消极，但是了解一下作者李白当时的处境，一下子就能明白：他在无奈的心情下，只能喝酒了，因为他觉得自己无法和皇帝做正面对抗，想用酒来鼓舞自己，在那段时间好像他能左右的也只有酒了。

这首诗写在李白被唐明皇赐金放还之后。前面我讲了，李白好不容易进了翰林院，本身应该珍惜。但他自己有很大的问题，天天喝酒；再加上说话没啥把门的，还让高力士给他脱靴；还有当时他自己也有点厌倦了御用文人的生活，又遭受别人的谗言，不好好表现了。这几点加在一起，皇帝也烦了，李白才被打发出来。

而李白后来写的诗中，一直表达他有多大的委屈，所以每个人可能看自己的时候，都是有一定的局限性的。这首诗中所宣扬的喝酒行乐的思想我是不喜欢的，但是这首诗的艺术成就有口皆碑，确实写得太好了，越品味越觉得有意思。这些年来，我背诵了无数次这首诗，每次都会豪气冲天，被李白带到他的状态中。

这就是李白，太有感染力了。

先说一下题目的读音问题，一定是“qiāng”进酒，有人读成了“jiāng”进酒，这个就要被笑掉大牙了。将，就是请的意思，将进酒就是请喝酒的意思。可以想象这样一幅画面：在唐朝，李白和一群人喝酒，一帮人喊着：“将进酒，将进酒！”然后大家频频举杯，还一起吟诗，是不是挺浪漫的？

扫一扫，
听王芳为你读诗

qiāng jìn jiǔ
将进酒

李白

jūn bú jiàn huáng hé zhī shuǐ tiān shàng lái bēn liú dào hǎi bú fù huí
君不见黄河之水天上来，奔流到海不复回。

jūn bú jiàn gāo táng míng jìng bēi bái fà zhāo rú qīng sī mù chéng xuě
君不见高堂明镜悲白发，朝如青丝暮成雪。

rén shēng dé yì xū jìn huān mò shǐ jīn zūn kōng duì yuè
人生得意须尽欢，莫使金樽空对月。

tiān shēng wǒ cái bì yǒu yòng qiān jīn sàn jìn huán fù lái
天生我材必有用，千金散尽还复来。

pēng yáng zǎi niú qiě wéi lè huì xū yì yǐn sān bǎi bēi
烹羊宰牛且为乐，会须一饮三百杯。

cén fū zǐ dān qiū shēng qiāng jìn jiǔ bēi mò tíng
岑夫子，丹丘生，将进酒，杯莫停。

yǔ jūn gē yì qǔ qǐng jūn wèi wǒ qīng ěr tīng
与君歌一曲，请君为我倾耳听。

zhōng gǔ zhuàn yù bù zú guì dàn yuàn cháng zuì bú fù xǐng
钟鼓馔玉不足贵，但愿长醉不复醒。

gǔ lái shèng xián jiē jì mò wéi yǒu yǐn zhě liú qí míng
古来圣贤皆寂寞，惟有饮者留其名。

chén wáng xī shí yàn píng lè dǒu jiǔ shí qiān zì huān xuè
陈王昔时宴平乐，斗酒十千恣欢谑。

zhǔ rén hé wéi yán shǎo qián jìng xū gū qǔ duì jūn zhuó
主人何为言少钱？径须沽取对君酌。

wǔ huā mǎ qiān jīn qiú hū ér jiāng chū huàn měi jiǔ yǔ ěr tóng xiāo wàn gǔ chóu
五花马，千金裘，呼儿将出换美酒，与尔同销万古愁。

《将进酒》：乐府《鼓吹曲·铙歌》的调名。内容多为描写宴会时朋友之间放歌劝饮的乐趣。
君不见：乐府中经常使用的夸张语气。
天上来：一种浪漫的说法。因黄河发源于青藏高原的巴颜喀拉山一带，那里地势极高，所以有此说法。
千金散尽：据说李白在游览梁、宋两地时，曾将数万金一挥而尽，所以在本诗中放出这样的豪言壮语。
且为乐：姑且作乐，意谓暂时把不愉快的事丢开不想。
会须：正当。
平乐：观名。位于洛阳西门外，是汉代富豪显贵们娱乐的场所，今河南洛阳市附近。
斗酒十千：一斗酒值十千钱，形容美酒价格昂贵。
恣：任意纵情，放任。
谑：戏。
径须沽取：应该毫不犹豫地买来。
五花马：指名贵的马。唐开元、天宝年间，凡有名马，常把鬃毛剪成花瓣形，剪三瓣的叫三花马，剪五瓣的叫五花马。
千金裘：指名贵的皮衣。
销：同“消”，消除。
万古愁：无穷无尽的忧愁。

这首诗看着很长，但只要明白了其中的意思，您就会发现很容易就可以背下来。

这首诗的前两句很大胆地用了长排比句，感叹人生苦短。“君不见黄河之水天上来，奔流到海不复回。”意思是：你难道看不见黄河之水从天上奔腾而来，奔流着直到大海，从此不会再回来？因为河流最后都是汇入大海，那个出口叫入海口，而海水是不可能回头再到河流里的，这就是大自然的神奇。黄河是我们中华民族的母亲河，它很长，有 5400 多公里，横跨了九个省（自治区），大家可以在中国地图上找一下。黄河起源于青海省青藏高原上，横跨大半个中国，曲曲弯弯，一直流到山东省东营市，最后汇入渤海。唐朝诗人写了很多咏黄河的诗，大家熟悉的王之涣的“白日依山尽，黄河入海流。欲穷千里目，更上一层楼”，还有他的“黄河远上白云间，一片孤城万仞山”都是经典名作。李白这首《将进酒》的开篇，出人意料地从黄河开始写，而且是十个字一句，立刻觉得气势磅礴，感觉眼前就是奔流到海的滚滚黄河。

第三句第四句：“君不见高堂明镜悲白发，朝如青丝暮成雪。”意思是你难道没有看到爸爸妈妈面对着明镜感叹自己双鬓的白发，感觉早晨还是一头黑发，怎么一到晚上就花白一片了呢？这是在感叹人生苦短，把人生从年轻到衰老比喻成一天的早晨和傍晚，非常恰当，大开大合。这两句我自己是比较喜欢的，充分体现了李白写诗不拘一格、洒脱飘逸的特点。这两句看似和前两句关联不大，但是去了解下孔子的一句话你就会明白李白的深意了。孔子有一句名言：“逝者如斯夫，不舍昼夜。”意思就是时间像流水一样不停地流逝，一去不复返。从孔子之后，中国文化中常用水的流逝比喻时间的流逝。所以这首诗第一句讲黄河水，接下来说人生苦短，是非常好的关联句。

接下来的两句：“人生得意须尽欢，莫使金樽空对月。”这是在说人生得意的时候要尽情欢乐，不要让这金酒杯对着月亮，空空如也。金樽就是指精美的酒器，李白很喜欢用“金樽”这两个字，《行路难》中第一句就用了“金樽清酒斗十千”。从整首诗看下来，李白同学正在和几个好朋友喝酒，酒宴中挥毫写下了这首气冲云霄的乐府诗。我觉得李白身上最大的优点就是心态还不错，不管遇到多大的烦恼，他都能自己想得开。你看他的诗歌，哪怕是特别悲凉的，也会在诗中体现希望，所以他的诗为什么能够千古流芳，还是因为诗的内容更多的时候是正能量的，或者说起码有正能量的影子。如果仅仅是像怨妇一样抱怨，他也不会成为李白，不会被称作“诗仙”。

七八两句真是神来之笔了：“天生我材必有用，千金散尽还复来。”老天爷既然造就了“我”这栋梁之材，一定会有用武之地，千金用完又如何，“我”还能把它赚回来。这句话可能大家都比较熟悉，也是这首诗的精华，表达了作者当时怀才不遇的心情，但不是仅仅哀怨，还有希望。这句话是说给唐明皇李隆基的，皇上您没看上“我”，没关系，总有能看上“我”的时候。

九句十句：“烹羊宰牛且为乐，会须一饮三百杯。”杀牛宰羊，做成美味佳肴，我们要玩个痛快，如此欢乐的聚会，应当同饮三百杯，一醉方休。注意了，同学们，这里说的吃饭可不是一两个小菜，一两壶小酒的那种聚会，完全得是杀猪宰羊，大口吃肉、大口喝酒的大餐。

下边几句：“岑夫子，丹丘生，将进酒，杯莫停。”“夫子”就是指年长并且有文化的男人。“生”就是后生，指年轻男子。这句话是说岑大哥啊，丹丘老弟啊，赶紧喝，别停杯啊。看来是一帮人在吃饭，李白的朋友真是遍天下。

接下来：“与君歌一曲，请君为我倾耳听。”让“我”来为你们高歌一曲，请你们倾耳细听。

后面两句：“钟鼓馔玉不足贵，但愿长醉不复醒。”这里的“钟鼓馔玉”是指富贵的生活，“钟鼓”是说有钱人家在宴会时用来奏乐的乐器。“馔玉”形容食物像玉一般精美，馔，指吃喝。李白是惹怒了皇上以及他身边的人，才被打发出来的，这两句话是说整天吃山珍海味有什么珍贵的，表达自己对达官显贵并不羡慕，只希望永远醉下去不愿清醒。这说明清醒了烦恼太多，其实李白不就是经常醉着吗？

接下来：“古来圣贤皆寂寞，惟有饮者留其名。”自古以来圣贤内心其实都很寂寞，只有那些会喝酒的人才能留下美名。前面这句我是非常赞同的，地位越高的人，内心其实越寂寞，因为身边的人都不敢和他说实话。就比如当时的皇帝李隆基，我一直觉得他内心是寂寞的，要不他为什么后宫佳丽三千，偏偏见到杨贵妃就觉得遇到了知己，因为杨贵妃懂音乐，一般人他也看不上，这就应了那个成语“曲高和寡”，就是说曲调太高深了，能与你应和的人就少了，没有人能听懂，所以越是圣贤越是寂寞。

后面的这两句有典故，“陈王昔时宴平乐，斗酒十千恣欢谑。”陈王是谁呢？陈王就是指曹操的儿子曹植，对，就是那个写《七步诗》的。三国时曹操、刘备、孙权三分天下，各自为政。据说，曹操一共有25个儿子，其中大家熟悉的有三个：曹丕、曹植、曹冲。曹冲就是我们小学课本中称大象的那个，非常聪明，只可惜十几岁就夭折了。曹丕和曹植都是能文能武的，他们俩和父亲曹操被文学界称为“三曹”，都是文学大家。在曹操众多的儿子中，也只有曹植的才能可以和曹丕PK一下了，所以曹丕特别防着他的弟弟曹植。据说有一次，有人汇报说曹植有异心，曹丕就把曹植找来，要求曹植七步之内必须作出一首诗，如果作不出来就把他杀了。曹植迈出了第一步，突然远处飘来了煮豆子的香味，曹植顺嘴吟出了《七步诗》：“煮豆燃豆萁，豆在釜中泣。本是同根生，相煎何太急？”意思就是煮豆子时下面烧火的是豆秸，豆子看到是豆子秆儿在烧自己，就在锅里哭，我们本是一条根上长出来的，豆秸你为什么这么着急地煎熬豆子呢？曹丕听了这首诗，觉得兄弟间确实不该这样，从此和曹植相安无事。当然这首诗到底是不是曹植写的，在历史上有争议，但是曹植和曹丕之间有矛盾是事实。曹植，也就是陈王，眼看政治上也不能有啥追求了，于是经常在宫里组织朋友来喝酒，然后一起唱歌跳舞。据史书记载，曹操活着的时候，曹植也多次因为喝酒误过事，后来爸爸去世了，他也不能有太多政治追求了，喝酒更成了人生的重要追求。

当年陈王爱喝酒的事情流传很远，又能写诗又能喝酒的陈王肯定是李白的偶像。“陈王昔时宴平乐，斗酒十千恣欢谑”的意思是：陈王当年经常在洛阳的平乐观设宴款待朋友，斗酒十千，随便喝，喝高兴了为止。这句话里用了典故，说明李白对于曹植的文章非常熟悉，曹植有篇文章叫《名都篇》，里面有一句就是“归来宴平乐，美酒斗十千”。

李白直接拿来用了这两句，用得恰如其分。李白一向自命不凡，所以他的偶像也往往是那种有超级大才华的人，曹植就是。

最后几句："主人何为言少钱？径须沽取对君酌。五花马，千金裘，呼儿将出换美酒，与尔同销万古愁。"意思是：主人啊，你为啥说钱不够多？尽管买酒来让我们喝。把你的小孩子喊出来，那些名贵的五花良马，昂贵的千金裘衣，让他们把这些昂贵的东西都拿去换美酒吧！让我们一起来举杯消除这无尽的万古长愁。这里面的"主人何为言少钱"很有意思，大家还记不记得前面有一句："千金散尽还复来"，前面"我"李白都说了钱花了还能赚回来，你现在又说什么钱不够买酒了，赶紧的，拿这些名贵的东西换酒来都行，反正今天我们得喝高兴了。

这样看下来，这首千古奇诗《将进酒》的意思就全明白了吧。这首诗完全理解需要时间，只有我们的人生经历了失意、彷徨、苦闷，可能才能真正理解李白怀才不遇的心情。现在，我们能做的就是背下来，OK？必须背下来，因为这首诗是中国古代诗词的代表作，加油吧，少年们！

桃花潭和白帝城在哪里？

古代诗人写诗，常常会把人名、地名写到诗里边。比如前面我们说过的黄鹤楼和凤凰台，本来就是一个几层塔和一个大平台，可是在诗人的描写下你立刻觉得这个地方高大上了，还生出了无限想象，也让这些地方成为了名胜古迹。

今天我们就来说李白诗中的三个地名。

第一个是香炉峰，出自李白的《望庐山瀑布》。庐山这个地方太神奇了，好多诗人都在这里流连忘返，写诗作画，比如北宋大文豪苏轼曾经写了一首《题西林壁》："横看成岭侧成峰，远近高低各不同。不识庐山真面目，只缘身在此山中。"其中的"不识庐山真面目"成为了千古名句，形容没有看到事情的本质。庐山在哪里呢？请大家看中国地图，在江西省境内，有个叫九江的地方，它与湖北、安徽交界，庐山就在这里。

扫一扫，
听王芳为你读诗

wàng lú shān pù bù

望庐山瀑布

李白

rì zhào xiāng lú shēng zǐ yān
日照香炉生紫烟，

yáo kàn pù bù guà qián chuān
遥看瀑布挂前川。

fēi liú zhí xià sān qiān chǐ
飞流直下三千尺，

yí shì yín hé luò jiǔ tiān
疑是银河落九天。

香炉：指庐山的香炉峰。宋代乐史撰写的《太平寰宇记》中曾记载：“在庐山西北，其峰尖圆，烟云聚散，如博山香炉之状。”
紫烟：由于日光照射使得水汽映射出紫色的烟雾。
九天：天空的最高处。

这首七言绝句写得非常妙，尤其是对瀑布的描写，我认为既壮观又浪漫。第一句中的“香炉”两个字一定要注意，是指庐山的“香炉峰”，真的不是一个冒烟的小香炉。每次问大家这句诗中的“香炉”什么意思，都有不少成年人大声回答我：“是一个寺庙的香炉。”哈哈，我真的觉得他们的想象力太牛了，都能想出寺庙来，这首诗哪里能看得出来有寺庙的影子？所以说，我们要知其然还得知其所以然，尤其是爸爸妈妈不能看到“香炉生紫烟”，就自以为到庙里了。这样不懂装懂的爸爸妈妈太可气，不会为啥不能查一下？我觉得爸爸妈妈要做好榜样，不会没关系，没有一个父母是全能的，但是千万别不懂装懂。

香炉峰是庐山一景，因为这座山峰远看像一个大大的香炉，所以得名“香炉峰”。

第一句第二句：“日照香炉生紫烟，遥看瀑布挂前川。”意思是：在庐山的香炉峰上，冉冉升起了团团白烟，在太阳的照射下化成一片紫色的云霞，远远看去瀑布就像挂在山川之间。这句里的“挂”字写得实在太有意境了，什么样的天地才能把这大瀑布挂起来，写出了诗人对大自然的称赞。

第三句第四句：“飞流直下三千尺，疑是银河落九天。”这两句感觉每个字都是铿锵有力啊，“飞”字起头，把瀑布喷涌而出的景象描绘得好生动，我每次读到这两句，都感觉眼前有个巨大的瀑布飞下来。这两句的意思是：飞奔直冲而下的大瀑布足足有三千尺，好像是天上的银河从天上垂落到人间的山崖上。

这首诗虽然没有选入《唐诗三百首》，但是它的流传程度还是很广的，小朋友们应该都会背诵，要把意思弄清楚就更好了。李白是一位浪漫主义的大诗人，之所以浪漫，就是因为他的诗中经常会出现一些夸张手法，比如“飞流直下三千尺”，那个瀑布肯定没有三千尺，但是这样的写作方法立刻让人觉得很壮观，下面一首诗也用到了这样的夸张手法。

扫一扫，
听王芳为你读诗

zǎo fā bái dì chéng
早发白帝城

李白

zhāo cí bái dì cǎi yún jiān
朝辞白帝彩云间，
qiān lǐ jiāng líng yí rì huán
千里江陵一日还。
liǎng àn yuán shēng tí bú zhù
两岸猿声啼不住，
qīng zhōu yǐ guò wàn chóng shān
轻舟已过万重山。

白帝城：故址在今重庆市奉节县东面的白帝山上。传说公孙述在殿前的井内曾看到有白龙跃出，所以称为“白帝”，居住之城则被称为“白帝城”，城下之山为“白帝山”。
江陵：今湖北省的江陵县。
一日还：一天之内就可以到达。

这首诗是小学课本中的必背古诗，看似很简单的一首诗，里面却包含了李白的人生大故事。

先来给大家讲讲在写这首诗之前李白遭遇了什么。前面我们讲过，公元755年11月，“安史之乱”开始了，半年后的756年，当时的皇帝李隆基带着家眷西逃，其中也包括太子李亨。后来在马嵬坡，唐明皇和太子李亨分道扬镳，李亨至灵武称帝，就是唐肃宗。这个时候唐明皇李隆基是不乐意的，但是他没有办法，因为他自己回不了长安。

跟着唐明皇的还有一些皇子、公主什么的，其中有一个被封为永王的李璘，也是李隆基的一个儿子。当时到处都在打仗，皇宫内部的争斗也日益激烈。永王被父亲派出东下，招兵买马。当时李白本来在休养，听说永王在招人，他这一辈子不是一直想当官吗，以前没机会，这次机会终于来了，于是进入永王的部队。李白以为，永王要去平定安禄山他们，结果哥俩打起来了，永王败下阵来，毕竟朝廷的军队人更多一点，然后所有跟着永王干的人都是“败者寇”了。李白这个糊涂蛋，还给永王写诗呢，笔墨未干，永王就被杀了。李白先是入狱，后来又被流放到夜郎，而且这次流放有可能再也回不来了，因为当时李白已经年近60岁了，他的心情可想而知。

公元759年，就在李白去流放的路上，刚走到白帝城时，突然好消息从天而降。因为那年天下大旱，唐肃宗为了表明他是个好皇帝，要和大家一起面对困难，宣布天下大赦。大赦就是对那些犯罪的人不再追究责任了，一般皇帝在遇到喜事或者国家有难时，会颁布大赦令，李白就赶上了。这个大赦令对李白来说太重要了，因为他当时几乎是心灰意冷，觉得这一辈子就完蛋了，可怜“我”一身才华，结果睡了一觉醒来，皇帝开恩，不用去流放了。哎呀，真的是运气太好了，李白的心情当然是愉快、激动加兴奋的。

三峡就是长江上三个大峡谷地段的总称，包括巫峡、瞿塘峡、西陵峡，

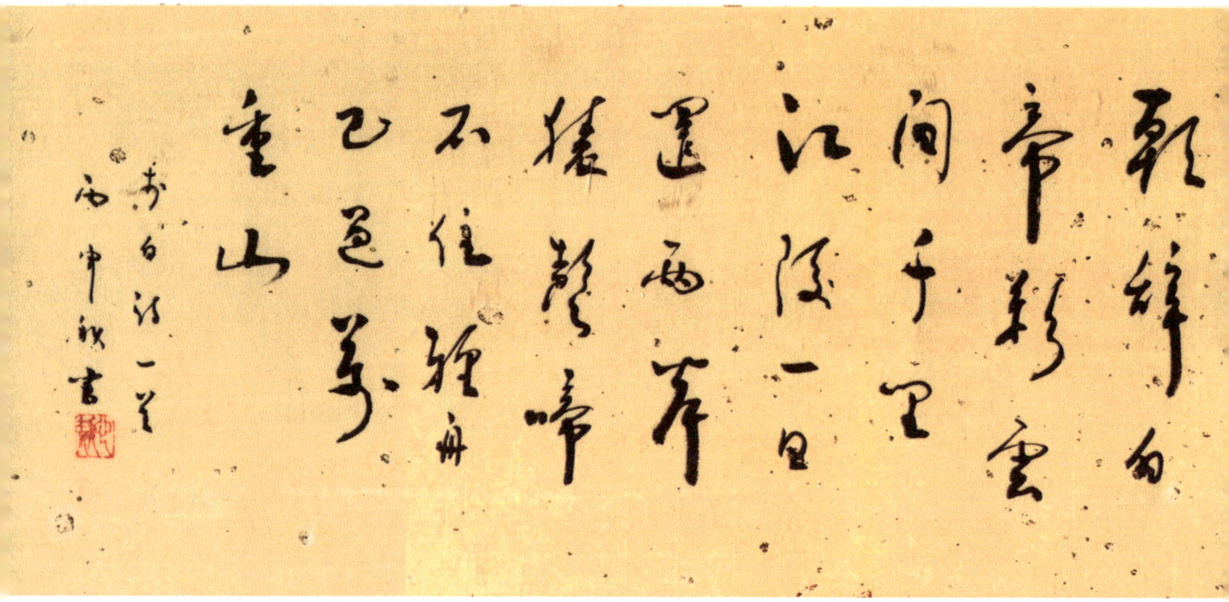

王芳父亲王庆瑞书法作品

从重庆到湖北宜昌市，全长193公里。三峡地区两岸高山对峙，悬崖陡峭，而白帝城位于整个三峡的西口，地势很高。相传是当年西汉末年割据蜀地的公孙述建的，公孙述自称“白帝”，所以这里就叫“白帝城”。

李白流放的道路上经过白帝城，突然接到赦免令，高兴极了，第二天一早就怀着高兴的心情告别白帝城。

诗歌的第一句、第二句就表明了李白当时愉悦的心情：“朝辞白帝彩云间，千里江陵一日还。”早晨“我”告别了白帝城，白帝城高耸入云霄，四周环绕着彩云，到江陵有1000多里路吧，行船却只要一天的时间。船走得快，一个是因为地势从高往低走，肯定快；另外，也因为心情一下放松了，感觉船行起来都是轻快的。尤其是“还”字用得很传神，不仅表达了李白日行千里的痛快，也隐隐透露出他遇赦的喜悦。江陵本来不是他的故乡，而“还”字却亲切得好像回乡一样。

后面两句：“两岸猿声啼不住，轻舟已过万重山。”两岸的猿猴还在耳边不停地啼叫，不知不觉“我”的小船已经穿过万重青山。同学们可以想象一下我们乘坐汽车飞快地行驶在盛夏的林荫路上，耳听两旁树间知了叫的感觉。那个时候自然环境保护得真好，两边的悬崖峭壁上还有很多猿猴，因为船很快，所以啼声和山影从耳边眼前飞过。感觉诗人经历了坦途、艰险，终于要拥有自由了，那种迸发出来的激情我们现在都读得出来。“轻舟”的“轻”字也表明了李白当时的心情，轻松、轻快。

其实大家都会背这首诗，但是诗的背景可能未必了解，我写出来，就是希望大家用这样的方法去学习唐诗，这样，历史的线条也在脑海中形成了，唐诗也背会了，真正的学习应该是这样润物细无声的。

还有一首小诗也是李白写的，很知名，其中也包括了一个地名。

扫一扫，
听王芳为你读诗

zèng wāng lún
赠汪伦

李白

lǐ bái chéng zhōu jiāng yù xíng
李白乘舟将欲行，

hū wén àn shàng tà gē shēng
忽闻岸上踏歌声。

táo huā tán shuǐ shēn qiān chǐ
桃花潭水深千尺，

bù jí wāng lún sòng wǒ qíng
不及汪伦送我情！

踏歌：唱歌的时候用脚踏地作为节拍。

这首诗里的“桃花潭”在哪里呢？在安徽省宣城市泾县桃花潭镇，这个地方大家应该不陌生。我们写毛笔字最好用的纸就是宣纸，宣纸的闻名就是始于唐代、产于泾县。作为“文房四宝”故乡的宣城，除了宣纸，还有宣笔、徽墨、宣砚举世闻名，为历代文人墨客所追捧。宣城还有桃花潭，因当年李白写了这首简单明快的小诗，1000多年来不断有人慕名来这里参观。

这首诗的意思很简单，就是李白写给朋友汪伦的一首诗。汪伦是宣城当地的一个富家子弟，李白从秋浦到泾县，汪伦请李白到家中做客多日，走时又送给李白八匹骏马和很多绸缎。李白很高兴，本来都已经上船了，突然听到岸上有人踏歌而来，是汪伦来送行了，李白非常感动，用对比的手法表现出两人之间深厚真挚的友情，说这桃花潭水哪怕有千尺深，也没有汪伦来送“我”的情谊深。

大家注意这三首诗，“飞流直下三千尺”“轻舟已过万重山”“桃花潭水深千尺”，可以从中找到规律，李白很喜欢用数字来形容事物，开篇往往很大气，特别敢写。

看完这几首，可能大家对李白又有了新的认识，他是一个极致的诗人，同时也是一个不成熟的政客，幸亏当时各种运气好，还有朋友、妻子到处求人，才让李白在监狱中没待太久，要不然真被杀头了！

中秋夜想起了张九龄

2016年的中秋夜，我和家人一起在路边赏月，恰好这一天天气晴朗，秋高气爽，皓月当空。女儿在月下把她会背的关于月亮的诗词全部来了一遍，女儿问我：“妈妈，有关中秋节的诗词您最喜欢哪首？”我回答：“当然是张九龄的《望月怀远》和苏轼的《水调歌头》！”

张九龄和苏轼，一位是唐朝大诗人，一位是宋代大词人，他们都出身名门，都曾经在仕途中不如意，都写了一首关于中秋的千古名作。苏轼的那首《水调歌头》更因为歌手邓丽君和王菲的演唱，让全中国人耳熟能详：明月几时有，把酒问青天。不知天上宫阙，今夕是何年……而张九龄的这首《望月怀远》虽然只有八句，但是感情更加内敛，思念之情跃然纸上。

先来了解下张九龄同学，他可不是一般人，他出生于公元678年（一说673年），比李白大23岁，韶关人。

一看年龄就知道，张九龄是李白、王维、杜甫的老前辈，他出山的时候，李白、王维还没有出生，杜甫就更别提了。张九龄虽然仕途也不顺利，但是他晃晃悠悠地做官到中书令，而且举止优雅、气度不凡，是唐朝有名的贤相。后来他去世了，再有人推荐宰相，当时的皇帝唐明皇李隆基都会问："风度得如九龄否？"也就是问，这个新推荐的宰相有没有张九龄那么学识渊博又风度翩翩？可见，张九龄的威信有多高，皇帝有多喜欢他！

张九龄影响了王维的一生，王维就是因为受张九龄的赏识，才到朝里做右拾遗，所以张九龄是王维的伯乐。拾遗本不是大官，名字很有意思，就是帮助皇帝查缺补漏儿，皇上哪里做得不好，拾遗就帮助皇上看看，怎么补缺补漏，就是有点像部队中的参谋长。

张九龄也影响了孟浩然的人生，孟浩然和王维都是唐代著名的山水田园诗人。前面我也讲过，孟浩然和王维相比，更加朴素天然一些，而且孟浩然基本没怎么当过官。不是说他不想当官，是因为没有人举荐，后来他写了一首干谒诗给张九龄——《望洞庭湖赠张丞相》，这个张丞相就是指张九龄。其实张九龄还是很欣赏孟浩然的，只可惜他自己很快也被贬官，所以想帮忙却心有余而力不足。不过张九龄心里一直记得这件事，被贬官到湖北荆州后，他专门请孟浩然来府上工作了一段时间。孟浩然这一生大部分时间都在湖北襄阳鹿门山中隐居，这次出山正好地点不远，也在湖北，孟浩然就去了。不过史书记载，他只在张九龄府上工作了一年多的时间就辞职了，具体原因大家有很多争论，我猜想是因为孟浩然对官场彻底失望了，不如回自己的鹿门山清净。

张九龄当时绝对是文坛领袖，很多人都渴望见到他，再加上他官至高位，更让人觉得敬畏。张九龄这个人的人品还是很让人崇敬的，他在朝里当官，经常因为说实话说真话而得罪人，也经常有人想收拾他，幸亏他没什么把柄让别人抓住，身正不怕影子斜，虽然也被贬来贬去，但仕途一直还算顺利。我写了这么多唐朝大小官，好像还没发现哪个人没有被贬过，所以那个时候当官是个风险活，太吓人了，没准哪句话说错了，就被办了。更可怕的是，万一站错队了，一个人倒下，他的幕僚可能就被杀头了。

说到张九龄一定要提一下安禄山，张九龄很早就看出来安禄山有可能会闯下大祸，并且给皇帝提了醒，只可惜啊，唐明皇没当回事！

唐明皇当皇帝这44年间，一共用了三个年号：最初登基年号为“先天”；两年后改年号为“开元”，开元用了29年，这29年国泰民安，史称“开元盛世”；后来又改了一个年号，就是“天宝”。

开元二十一年，范阳节度使张守珪派自己的左骑卫将军安禄山到长安去呈送奏折，当时接见他的正是中书令张九龄。一般人被宰相接见，估计得特别激动，可是安禄山行礼之后不卑不亢。张九龄看了张守珪的奏折，没什么大事，倒是对这个送公文的安禄山比较感兴趣。张九龄和安禄山聊了一会儿，安禄山对每个问题的回答都简洁明了，讲到自己四个人就擒杀契丹40人的时候，依然是面不改色心不跳，张九龄觉得这个安禄山真不是一般人。后来张九龄还和朝中的另外一名宰相裴光庭说，安禄山这个人，心思缜密，得防着点。

过了三年，安禄山已经当上了平卢大将军，率领三万大军征讨契丹。可是安禄山竟然被打败了，这下闯祸了。范阳节度使张守珪只能选择丢下安禄山以保自己的命，于是上奏折，请求斩杀安禄山。张九龄接到奏折，批复：“穰苴出军，必诛庄贾；孙武行令，亦斩宫嫔。守珪军令若行，禄山不宜免死。”意思就是春秋时齐国的军事家司马穰苴出兵时，先杀了违反军令的庄贾；孙武当年要帮吴王管理军队，对那些不听号令的嫔妃也要斩杀。张守珪你也是有军令的，这样大败真不应该，安禄山不应免死。

安禄山也不是一般人，很快就听说了这个消息，看来张守珪节度使已经不准备保护他了，只能靠自己求生了。于是他派史思明悄悄来到长安，贿赂了唐明皇身边的宦官。这些宦官管理皇帝每天的吃穿住行，是有很多机会和皇帝交流的。皇帝说起安禄山，宦官就讲安禄山多么骁勇善战，怎么四个人对付了契丹40个人。唐明皇觉得一将难求，于是不想杀安禄山了，想先罢免官职，留在军中继续效力。

张九龄赶紧又上书，说安禄山不应该免死，唐明皇都觉得奇怪了，一向温和的张九龄这是怎么了？就把张九龄叫来问，九龄无奈讲出了自己第一次见安禄山的感觉和担心，但是唐明皇没有相信张九龄的判断，他觉得大唐盛世，怎么会有叛臣。就这样，安禄山逃过一劫。

后来安禄山果然反了，估计西逃的唐明皇肠子都悔青了吧！这件事情再次证明张九龄不仅仅是一个优秀的诗人，也是一名预判准确的政治家。

我们回到唐诗上来说，张九龄写了不少诗，今天是中秋节，我们就一起来学习张九龄的《望月怀远》，一首极美的律诗。

扫一扫，
听王芳为你读诗

wàng yuè huái yuǎn
望月怀远

张九龄

hǎi shàng shēng míng yuè tiān yá gòng cǐ shí
海上生明月，天涯共此时。

qíng rén yuàn yáo yè jìng xī qǐ xiāng sī
情人怨遥夜，竟夕起相思。

miè zhú lián guāng mǎn pī yī jué lù zī
灭烛怜光满，披衣觉露滋。

bù kān yíng shǒu zèng huán qǐn mèng jiā qī
不堪盈手赠，还寝梦佳期。

怀远：思念远在他乡或住在远方的亲人。
天涯：天边。
情人：具有怀远之情的人，有情人。
怨遥夜：抱怨夜晚过于漫长。遥夜，漫长的夜。
怜光满：怜惜那满屋的月光。怜，这里是爱惜、怜惜之意。
觉露滋：因为夜露多而感到潮润寒凉。
佳期：愉快的约会。

这首诗写在张九龄被贬官之后，正是他的心情低落期，月夜思念远方的朋友，具体思念的是谁，一直没有明确的答案，但可以肯定的是，这首诗写在一个圆月之日，就是农历十五左右。

题目《望月怀远》的意思就是看着月亮思念远方的亲人。

首联："海上生明月，天涯共此时。"这句开得太漂亮了，很有画面感，很直白的大开大合。最有意境的是"生"字，很多人错写为"升"，因为觉得是海上升起一轮明月，也没错，但是用"生"就更加形象了。大海上生出一轮明月，你我天各一方，共赏这轮明月。

颔联："情人怨遥夜，竟夕起相思。"这里的"情人"是指诗人自己，也是指所有的有情人。"竟夕"就是整夜的意思。说有情人埋怨这漫漫长夜，而"我"因为思念你整夜都睡不着。这时画面感更强了，诗人因为思念亲人或者友人睡不着觉，看着窗外的明月，就在心里托付明月送去"我"的思念。好浪漫的诗句！

颈联："灭烛怜光满，披衣觉露滋。"月光洒满屋内屋外，分外明亮，让人喜欢。于是灭掉蜡烛，只为欣赏这月光。"我"遥想着远方的亲人，不知不觉夜色已凉，露水都出来了，要披上件衣服了。这一联主要表达作者思念远方之人，难以停止。从小事入手，让人感觉很温暖、很实在。

最后两句尾联：“不堪盈手赠，还寝梦佳期。”此时此刻我那满手的月光，饱含了“我”对你满腔的思念，可是无法赠送给你，算了，睡吧，也许能够在梦中与你相见。尾联这两句真是出神入化，细细品味过后，更加喜欢张九龄这个人，感觉他有情有义，温暖如兄长。

在这个中秋月夜，看着窗外的明月，我就在想，当年张九龄看的也是这一轮，对于月亮来说，1300 年可能弹指一挥间，而对于我来说，却是张九龄到我们的距离。好吧，我也借用老张的诗句：“不堪盈手赠，还寝梦佳期。”没有什么可以送给你们的，只有这 2016 年中秋节的月光。太晚了，都凌晨一点了，我睡了，梦中和你们相见！

背唐诗，让你学习更简单

亲爱的同学们，你们知道什么样的人更容易成功吗？是专注的人。注意看看各种名人传记，你会发现所有成功的人都有一个共性：超级专注。一个人，如果做什么事都没有长性，注意力差，那么，你离成功就越来越远，很有可能一辈子一事无成。哇，好可怕啊，所以，做事专注是一个人最重要的品质和习惯。

我女儿上小学一年级的时候，她的专注力出了问题，做一件事很难集中注意力，写个简单的作业，都需要很长的时间。我当时也觉得很困惑，用了很多方法，也着急过，也和女儿发过火，但后来我冷静了，我知道急躁解决不了任何问题，于是开始根据女儿的情况自己想办法。这是个小火慢炖的事情，我很幸运，很快就找到了背唐诗这个提升注意力的方法。

最初就是因为自己喜欢，每次给孩子洗澡的时候我就给她讲一首古诗，以五言为主，我发现孩子几乎十分钟就可以背熟一首，我们俩很有成就感。过了一段时间，我们开始挑战八句的律诗，开始女儿觉得有点长，但是我始终记得那句话，教育不是填鸭，一定是润物细无声的，我变成了家里的“诗歌碎碎念”。由于我老念叨唐诗，渐渐地，培养了女儿对唐诗的兴趣，尤其是与她同龄的孩子相比，她的诗歌量已经远远超标，她的成就感爆棚，半年之后，自己就要求背诵《将进酒》。又过了半年，她已经不满足这些了，开始挑战白居易的《琵琶行》，88句啊，而且写琵琶声音那一段确实很难，我背诵都有困难，但是八岁的婉儿硬生生地背了下来，而且每一句都可以清晰地讲解出来意思。那一刻，她很自信，我很骄傲，我觉得这是我们共同的成就。

为什么我觉得背诵可以提升专注力呢？其实道理很简单，我们在背诵任何东西的时候必须集中精力，要不然记不住啊。同学们可能有这样的经验，集中精力背几分钟就可以解决的课文，要是干干这儿，摸摸那儿，半天也背不会。我女儿在不断背诵的过程中得到了两个宝贵经验：第一，背诵多了，理解能力极强，无论是语文课文还是数学应用题或者是英语阅读，都能很轻松地掌握；第二就是自信心越来越强，家庭聚会的时候，她会主动显摆下，从李白到杜甫到白居易到李商隐，经常背得大家都蒙了。她很享受这样的过程，也很有动力，每学期拿到语文书，第一件事就是把古诗都背会，学校做调查，让孩子们填写爱好，女儿竟然写了“背诗”，哈哈，这算什么爱好呢？！

当然，一个孩子爱上任何东西都与爸爸妈妈的帮助有关，比如我在教授一首诗的时候，一定会查阅相关的历史知识和人物故事，尽量让女儿明白意思，说实话确实挺累的。因为孩子都是十万个为什么，都喜欢不停地问，我就得不停地找答案，时间久了我们就共同总结出了一套学习唐诗的方法，又快又好。

我来举个例子，比如李白的《子夜吴歌》，当时看到这首诗的时候，明显感觉就是一首六句的小诗，很快就可以背会，结果我仔细一查，才发现这是一组诗。当时李白写的时候是按照春夏秋冬写的，我们现在在《唐诗三百首》中看到的是《子夜吴歌》中的《秋歌》，其实当时李白是大笔一挥写了四首滴，而且每一首中都有故事，虽然每首不过30个字，但里面的小知识却多了去了。

我们先来看这首大家最熟悉的《子夜吴歌·秋歌》：

扫一扫，
听王芳为你读诗

zǐ yè wú gē · qiū gē
子夜吴歌·秋歌

李白

cháng ān yí piàn yuè，wàn hù dǎo yī shēng
长安一片月，万户捣衣声。

qiū fēng chuī bú jìn，zǒng shì yù guān qíng
秋风吹不尽，总是玉关情。

hé rì píng hú lǔ，liáng rén bà yuǎn zhēng
何日平胡虏，良人罢远征？

一片月：一片皎洁的月光。
万户：千家万户。
玉关情：怀念边地征人的相思离别之情。
平胡虏：平定侵扰边境的敌人。
罢：结束。

这是一首五言乐府诗，六句，写了一个情景：就是丈夫去打仗了，妻子一个人在家中非常孤独，思念丈夫，期待战争赶紧结束，回家来团圆。体现了李白写诗的以小博大，很精彩，小朋友看完王芳阿姨讲的意思，就可以背下来了。

前两句："长安一片月，万户捣衣声。"同学们先要了解的是"捣衣"两个字的意思。捣衣是一个动作，也是一种活动。"捣"就是指用棍棒的一端撞击。"捣衣"就是在一个砧板上，用一个杵，把絮状物捣松软，捣好的东西用来填充寒衣，使衣服更加暖和。因为唐朝没有棉花，织物一般是丝、麻、葛等。还有一种解释是把布料捣柔软了，做衣服的时候更加贴身舒适。捣衣一般是在秋天夜里进行，因为马上冬天了，家里人要添置冬装了，捣衣是做寒衣的一种程序，而不是普通的洗衣服。为什么我认为捣衣主要是在秋天的夜里进行呢？因为唐朝很多诗词都写过类似的场面，比如杜甫写过"寒衣处处催刀尺，白帝城高急暮砧"，意思是又要赶制冬天御寒的衣服了，白帝城上捣衣的砧声一阵紧似一阵。这里说"暮砧"，就是表明捣衣是在晚上进行的。白居易还写过一首诗叫《闻夜砧》，里面第一句就是"谁家思妇秋捣帛"，也进一步说明捣衣多是在秋天的夜里进行的。

现在我们来看李白这首诗的前两句"长安一片月，万户捣衣声"，是不是就很好理解了？秋天的夜晚，长安城里明月一片，美丽的月色下，千家万户都传来阵阵的捣衣之声。秋月，本身就有相思之意。一片秋月，感觉是很安静的夜晚，结果和万户捣衣的声音放在一起对比，立刻眼前有了画面，更觉得思念丈夫的那位女士好让人心疼啊，她一定是在砧板上捣衣，然后在念叨自己的丈夫快快回来。

第三句第四句："秋风吹不尽，总是玉关情。"这两句里，我要讲讲"玉关"，就是指玉门关。这个玉门关在很多唐诗里都有提及，比如王之涣的"羌笛何须怨杨柳，春风不度玉门关"，李白的另外一首《关山月》中有“长风几万里，吹度玉门关”。为什么这么多大诗人都写到了玉门关？我来给大家介绍一下：玉门关在今天甘肃省境内，在西汉时期，汉武帝开辟了丝绸之路，和西域开始有贸易往来，当时从西域运玉石到内地，要通过这个关口，所以起名字为玉门关。这个关口一直是兵家重地，唐朝很多战争都是为了平定北方的少数民族，打仗也需要出了玉门关，渐渐地玉门关成了一个符号，似乎进了玉门关就是回到自己的家了。关里的人总在惦记关外打仗的战士，关外的人总在思念关里的家人，所以玉门关被大家说得多了，就成了诗歌中的一个符号。这两句话是说秋风吹不尽的，是妇人们对玉门关外丈夫深深的思念。

最后两句：“何日平胡虏，良人罢远征”中我们要明白“胡虏”两个字的意思，它是当时中原对北方少数民族的称呼。唐朝时，北方少数民族经常入侵中原，所以总有很多军队驻守关外。“良人”是古代妇女对丈夫的称呼，这两句话的意思是：什么时候才能扫平北方的敌人，夫君从此可以不再远征。

这首诗六句读下来突然觉得很有意境，想象一个女子在月色中捣衣，思念着关外的丈夫，最后两句回肠荡气，激动人心。亲爱的同学们，这下是不是又学会了一首诗？六句蕴含了很多知识点，我们今天就背下来，再给爸爸妈妈讲一讲好不好？

如果你可以跟着我一起开始背诵唐诗，每天一点点，积攒下来，可真是了不起啊，渐渐地你就会发现，你的记忆力越来越好，关键做事情会更加专注了。哇，小唐诗，大作用，有没有？

李白《子夜吴歌·冬歌》

李白的《子夜吴歌》其实是四首，分为春夏秋冬，上次我们讲的是《秋歌》。描写的是一群长安的妇人，在捣衣时想念自己在边疆打仗的丈夫，写的是一种情绪。这首《冬歌》是讲述一个女子在冬夜赶制征袍的情形，主题依然是思念丈夫，但是下笔的思路不一样，别有一番风味，同学们可以感受一下啊！

子夜吴歌·冬歌

zǐ yè wú gē dōng gē

李白

míng zhāo yì shǐ fā, yí yè xù zhēng páo
明朝驿使发，一夜絮征袍。

sù shǒu chōu zhēn lěng, nǎ kān bǎ jiǎn dāo
素手抽针冷，那堪把剪刀。

cái féng jì yuǎn dào, jǐ rì dào lín táo
裁缝寄远道，几日到临洮？

驿使：古代骑马传递文书的人。

首先，既然是《冬歌》，写的肯定是冬天的事情，全诗都突出了一个“冷”字，每次读这首诗的时候，我感觉背后都是凉气，小伙伴们，认真读下来，看和我的感觉一样吗？

前两句：“明朝驿使发，一夜絮征袍。”这里面的“驿使”指的是谁呢？就是古代送信或者送包裹的人，这里就是指给战场上的士兵捎带东西的使者。“明朝”就是明天早晨。这个驿使走得很急啊，妇人有点小埋怨，怎么明天早上就要走啊，“我”给丈夫的衣服还没有做好呢。于是女子一夜没有睡，给丈夫赶做棉衣。读这两句的时候，同学们可以想象一个画面，寒冷的冬天，一个女子在烛光下，一针一线地给丈夫赶制衣服，缝制几下，就呵呵手，太冷了！这个画面你们能想象得到吗？可以试着画出来，一定是一幅很有感觉的画面！

后面两句再次形容了天气的寒冷和妇人急切的心情。“素手抽针冷，那堪把剪刀。”就是说女子用手抽针，那针冻得冰凉冰凉的，手都拿不住针，好冷啊，更别说拿剪刀了，真是刺骨的寒意。大家有没有冬天在外边待很久手脚冻麻了的经历？反正我有过很多次。有一次我回家拿钥匙开门，可是手冻得根本不听指挥，拿不住钥匙，缓了半天才把门打开。钥匙可比针大多了，可以借此想象女子当时的感觉。我理解这两句还在衬托妇人的思念：丈夫啊，虽然“我”这里很冷，但是“我”今晚一定要把衣服缝完，让驿使带给你，要不然天气冷了，“我”多担心远方的你啊！

最后两句：“裁缝寄远道，几日到临洮？”临洮是一个地名，在今天甘肃省西南，这里指征战的地方。女子自己在长安都觉得冻得伸不出手来，那么关外得冷成什么样啊，所以此刻她更加担心丈夫。裁缝是指裁剪好的衣服，说这些衣服寄给远方的你，多久才能到你那边啊！

六句小诗，思念之情跃然纸上。

李白写诗总是很有画面感，让我一下子开始心疼那个长安缝衣服的女子和在外打仗的男人，那个年代，能团聚就是最大的幸福。和他们相比，我们的生活简直太美好了，所以，要珍惜今天的一切啊。这首小诗虽然没有选入《唐诗三百首》，虽然没有那么大的名气，但是我觉得大家要好好理解一下，因为30个字写出了这么重要的情怀，我们得向李白学习。写作文写细节，一件小事咏叹的是大情怀，这种方法掌握了，以后你们写作文就战无不胜了！

孟浩然走得好可惜

孟浩然是唐朝的一代诗杰，前面我写了李白一直是他的小粉丝，孟浩然一辈子写了很多首诗作，脍炙人口的也有不少。不过，唯一遗憾的是他去世太早了，只活了52岁，这个年龄在今天看来真的算是英年早逝了。

按说孟浩然一辈子算得上清心寡欲，又大多时候生活在山中，空气新鲜，本该长寿的，为什么这么早就去世了呢？

相传孟浩然在50岁左右时，身体一直不是很好，后背上还长了一个背疮。背疮在今天看来是个小病，可能涂一点消炎药就搞定了，但是在1200多年前，根本没有抗生素，就得靠草药来调理。据说孟公的病一开始调理得不错了，因为来了个朋友，忍不住大吃大喝了几天，包括医生不允许的酒和生鲜，全部吃了，导致背疮发作，一命呜呼，永远地离开了我们。那么我猜想，这个朋友一定算得上是知己型的，要不然孟公也不会如此尽兴，而朋友也一定是好意，千里迢迢来看望他，没想到办了一件遗憾千古的事情。

这个重要的朋友就是王昌龄，王昌龄出生于约公元698年，比李白大三岁，盛唐时期著名的边塞诗人，后人称他为“七绝圣手”。他写过很多著名诗句，比如说：

扫一扫，
听王芳为你读诗

chū sài èr shǒu
出塞二首（其一）

王昌龄

qín shí míng yuè hàn shí guān wàn lǐ cháng zhēng rén wèi huán
秦时明月汉时关，万里长征人未还。

dàn shǐ lóng chéng fēi jiàng zài bú jiào hú mǎ dù yīn shān
但使龙城飞将在，不教胡马度阴山。

《出塞》：乐府旧题《横吹曲辞·汉横吹曲》，原作有两首，此为第一首。“出塞”是唐代诗人描写边塞生活时常用的题目。
但使：只要。
龙城：汉代匈奴的祭天圣地，在今蒙古国鄂尔浑河西侧的和硕柴达木湖附近。在本诗中代指汉代名将卫青，汉武帝元光年间，卫青曾率军长驱直入袭击龙城，取得汉朝对匈奴的首次胜利。
不教：不让，不允许，不叫。
度：越过。

这首诗是王昌龄早年的作品了。他大约是公元 698 年出生，20 多岁时正好赶上“开元盛世”，就是唐明皇当皇帝最好的那段时间。那时唐朝国力强大，在战争中屡屡取得胜利，所以边塞诗人王昌龄的作品中有一种激昂的正能量，同时充满了对和平的渴望。

这首诗的意思是：边疆的明月和边关依然和秦汉时代一样，这里的战争也从未停止，从内地前往边疆守关的将士，至今还没有回来。倘若那些汉代的抗匈名将们还健在，绝对不会让胡人的骑兵部队越过阴山南下。诗中的“龙城飞将”指的是两位汉代名将：“龙城”指的是大将军卫青，汉武帝元光年间，他奇袭龙城，揭开了汉朝对匈奴战争反败为胜的序幕；而“飞将”则指的是李广，李广也生活在西汉时期，他一生都在和匈奴打仗，留下了许多传奇故事，一次，他因寡不敌众被匈奴擒获，李广装死，匈奴人把网子绑在两匹马之间，让李广躺在上面，走了十多里，李广瞅准了敌人的一匹好马，飞身而起，跨上战马回到汉营，李广在边疆镇守的时候，匈奴人都称他为“飞将军”，不敢进犯。“胡马”，代指胡人的骑兵。阴山山脉在今天内蒙古自治区境内，东西走向，是古代中原王朝北方的天然屏障。作者在这首诗后两句中表达的情绪很复杂，一方面对朝廷不能任用良将感到不满，但更多的是对保家卫国的热情和信心。

王昌龄和李白几乎是同时期的诗人，不过他来看望孟浩然的时候还不认识李白。

对了，王昌龄的那首诗大家也应该很熟悉，是小学课本中的吧？叫《芙蓉楼送辛渐》。辛渐是王昌龄的朋友，从这首诗的内容来看，应该是两个人同行了一段时间，马上要分手了，王昌龄在江边送他时所作。

扫一扫，
听王芳为你读诗

fú róng lóu sòng xīn jiàn

芙蓉楼送辛渐（其一）

王昌龄

hán yǔ lián jiāng yè rù wú　píng míng sòng kè chǔ shān gū

寒雨连江夜入吴，平明送客楚山孤。

luò yáng qīn yǒu rú xiāng wèn　yí piàn bīng xīn zài yù hú

洛阳亲友如相问，一片冰心在玉壶。

《芙蓉楼送辛渐》：原作共两首，此为第一首，诗人于天宝元年出任江宁丞期间所写。芙蓉楼，位于润州（今江苏省镇江市）西北面。辛渐，诗人的朋友。

吴：三国时的吴国在长江下游一带，所以这一片区域也被称为吴。

平明：早晨，清晨。

楚山：春秋时期的楚国在长江中下游一带，所以这片区域的山也被称为楚山。

孤：孤单一人，独自一人。

这首诗大家一定觉得耳熟能详吧？王昌龄说秋冬时节的寒雨在夜里来到了吴地，天明时“我”送走了好朋友辛渐，只留下了“我”孤独的身影独对楚山。亲爱的朋友啊，你到了洛阳，如果有亲朋好友打听“我”的消息，就请你转告他们，“我”很好，“我”的心依然像玉壶里的冰一样纯洁，没有受到功名利禄人情世故的玷污。

这首诗里我比较喜欢“楚山孤”这几个字，大家想想，一般在江边送走了朋友，肯定会写滔滔江水，比如李白送孟浩然到扬州，写下了“孤帆远影碧空尽，唯见长江天际流”。而王昌龄送走了朋友，孤独地待在这里，“我”的孤独心绪和孤峙的楚山内外交映，这便叫作“即景生情，寓情于景”。“一片冰心在玉壶”是比喻高尚的品格，内心纯洁，为人正直廉明。这两句是千古名句，大家一定要背下来，这首诗也被收入到了《唐诗三百首》中。

写了这么多好诗的王昌龄和孟浩然是老朋友，公元740年，他游历到湖北襄阳，得知孟公在家中养病，便登门拜访。孟公是个好客的人，一看王昌龄来了，急忙把各种好酒好菜拿出来招待。据说当时宴席上有一道鱼味道特别好，孟浩然觉得自己的背疮已经好得差不多了，所以就没太注意，就想尝几口，又喝酒又吃鱼。结果王昌龄走了没几天，孟公的病情就发作了，而且这一次来得特别迅猛，都没来得及和大家告别，一代才子就这样离开了我们。

在那个时代，孟浩然的离开是文学界的一大新闻，大家都在内心祭奠孟公。

千百年来，孟浩然都是高洁的诗人代表，他质朴纯粹，没有那么多虚假的招儿，可以说，孟公是我最喜欢的唐朝诗人之一。

孟公，再见，虽然你走了，但是你的诗歌我们一直在传唱。下一篇文章中，王芳阿姨带大家再温习两首孟公的经典之作！

摄影 / 刘亮 汪正影业

野旷天低树，江清月近人

题目的这两句诗出自孟浩然的《宿建德江》，我很喜欢这首绝句诗，它非常能代表孟浩然的风格。孟浩然一生大部分时间都在山中归隐，但并不代表他就没有上进心，他也曾给张九龄写过自我推荐信，也曾经想靠近朝廷，但是后来发现希望渺茫，所以内心也曾经超级痛苦过，也曾经无助迷茫过，这首诗就是写在诗人不被人欣赏时。

每个人在成长的过程中都可能会遇到各种苦难。我们遇到困难的时候，有可能会逃避，有可能会天天在家上网，有可能会不停地哭泣。但是在唐朝这些书生的生活中，他们高兴的时候写诗，苦闷的时候写诗，遇到朋友的时候写诗，挥手告别的时候还是写诗，他们有任何情感波动都会通过诗抒发出来。真的，很羡慕他们。

扫一扫，
听王芳为你读诗

sù jiàn dé jiāng
宿建德江

孟浩然

yí zhōu bó yān zhǔ, rì mù kè chóu xīn.
移舟泊烟渚，日暮客愁新。

yě kuàng tiān dī shù, jiāng qīng yuè jìn rén.
野旷天低树，江清月近人。

建德江：即新安江。因流经建德（今浙江省建德县），故得此名。
移舟：划动小船准备靠岸。
泊：停泊，靠岸。
烟渚：指江中被雾气笼罩的小沙洲。渚，江中的小岛、沙洲。
旷：空旷。
江清：形容江水很清澈。

这首诗是孟浩然在旅途中夜宿建德江中央的一片小洲时写的。整首诗突出了一个“愁”字，说明当时孟公有些惆怅。他描写了一个月夜，诗人坐着小船，在建德江上行船，眼看天色晚了，附近正好有个小渚，停泊夜宿，有感而发。大家要了解一个常识，江水中的一片陆地，叫作洲，比如以前我们讲过的鹦鹉洲、白鹭洲；而小洲就叫渚，和“煮”一个读音。

前两句：“移舟泊烟渚，日暮客愁新。”意思是，“我”把小船停泊在一个水雾弥漫的小洲上，日暮时分，又有新的愁绪涌上了“我”的心头。孟公一身本领，苦读多年，带着很多诗文来到京城，希望能够有人赏识，结果连个进士都没有考中，碰了一鼻子灰，只好出来各地云游散心，所以此刻孤零零地来到一片小洲上，心情可想而知。

后两句是千古绝唱，也是五言诗句的代表：“野旷天低树，江清月近人。”意思是：在这旷野中，天是无边无际的，远处的天感觉比树还低，江水清清，一轮明月的倒影就在身边，感觉明月和“我”很亲近。

不知道为什么，总是很心疼孟公，除了一些同病相怜的文人墨客，他一直没有碰到真正欣赏他的伯乐，最后只好和明月做伴。

其实今天看来，他真是想不开，这么有才华，就在山里做隐士多好，一定被很多人崇拜。可是那个时代，男人如果不努力去当官，好像就是不思进取，这样的思想让孟公一辈子孤单，让李白经常郁闷，让杜甫总是奔波。也好，如果没有这样的愁绪，也不会有那么多流传千古的名句。小朋友们也要记得，当你心情好或不好的时候，都赶紧用笔把自己的情绪记录下来，只有不断地写，不断地练，大家的写作能力才能提升。

再看一首孟公的五言律诗，也是他的代表作，依然是满怀愁绪时写的，不过写下面这首诗的时候，他已经回到了山中归隐，但是心中很不平衡。孟公是40岁才到长安去参加科举考试的，当时他的诗作已经被人广为传阅，而且像张九龄这样的大官都曾经表示很欣赏他，大诗人李白都是他的小粉丝，结果连个进士都没有考中，孟公自己都有点儿傻了。

大家可以想象 40 岁的人学了半辈子，学习好是出了名的，大家都认为是北大清华的料，他自己也觉得肯定没问题，然后去参加高考却彻底落榜了，连个民办学校也没考上，这样说你是不是就能理解孟公当年的心情了呢?

这首诗需要有一定的经历才能有更深刻的体会，王芳阿姨到了 40 岁才重新爱上这首诗。以前老觉得这首诗不像上一首，有熟悉的句子，还短，两分钟就背会了。这一首我自己也是费了点劲才背会，老是卡壳在最后两句，所有的诗，当你有两句总是背不会的时候，就说明你没有理解意思。接下来，我就给大家讲解一下这首《岁暮归南山》，这首诗不是必背的，同学们只要了解下诗人当时的心情就好了。不过，这首诗写得真的很美，也被选入了《唐诗三百首》中。

suì mù guī nán shān
岁暮归南山

孟浩然

běi què xiū shàng shū　　nán shān guī bì lú
北阙休上书，南山归敝庐。

bù cái míng zhǔ qì　　duō bìng gù rén shū
不才明主弃，多病故人疏。

bái fà cuī nián lǎo　　qīng yáng bī suì chú
白发催年老，青阳逼岁除。

yǒng huái chóu bú mèi　　sōng yuè yè chuāng xū
永怀愁不寐，松月夜窗虚。

北阙：指皇帝的居处，因宫殿坐北朝南，故名。也代称皇帝。
青阳：指春天。青是春天的颜色；阳，指温和的气候。
虚：空寂。

先来看题目《岁暮归南山》，“岁暮”就是指年终。这里的“南山”到底是哪座山有争议，有人说是指终南山，但是终南山在陕西。孟公一辈子很多时候都是归隐在湖北襄阳的鹿门山，看这首诗，孟公当时的感觉像在自己家里，所以也有可能是湖北襄阳附近的一座山，因为孟浩然是湖北襄阳人。很多诗人笔下的“南山”就是指自己归隐的地方，大家可以尽情想象山的样子。

首联：“北阙休上书，南山归敝庐。”这两句中“北阙”需要了解下，就是指皇宫北面的门楼，汉代的时候很多大臣都是在这个门楼前上书，朝见皇帝，商议国家大事，后来渐渐地大家就把“北阙”作为了朝廷的代称。“敝庐”是很谦虚的一种说法，破茅屋的意思，指贫穷的家园。“休”在这里是动词，就是停止的意思。好，那么这句话是不是一下子就理解了？意思是“我”就不再在朝廷宫门前陈述“我”的建议了，回到山里“我”那破旧的茅草屋里。我读这两句话读出了诗人无奈的心情，回归山中也属被逼，你们不用我啊，我不回山中还能去哪里呢？

颔联：“不才明主弃，多病故人疏。”这两句诗是名句。很多人在仕途不得志的时候，会使用这两句。“不才”是在说自己才华不够，我怎么觉得这是反话呢。“明主”这当然是在说皇帝。“故人”就是指老朋友了。这两句话的整体意思是：“我”才华不够，所以皇帝您没能看上“我”，“我”身体多病、境遇悲惨，所以老朋友也联系少了。这两句话里的感情非常复杂，同学们可以好好理解一下，我觉得唐诗理解得多了，我们内心的情感都会更加丰富。起码我在这两句中听出了抱怨，听出了自怜，似乎还在说老朋友们举荐不力，才让“我”如今只能回到山中归隐。

颈联：“白发催年老，青阳逼岁除。”这两句诗中就要了解下“青阳”的意思，就是指春天。这两句是说白发渐渐增多，春天马上就要来了，带走这悲伤的一年。这两句我翻译的和其他书上不一样，但是我觉得我翻译的更加有艺术范儿，哈哈，其实意思都差不多。

尾联：“永怀愁不寐，松月夜窗虚。”这两句的意思是“我”心里好多愁绪，夜晚都睡不着，看到月光松影透过窗户照进来，外边一片空寂。

孟浩然当时一肚子牢骚但是又不好发作，于是写了这首诗，看似一连串的自责，又说自己没有才华，又说自己多病潦倒，说的是自己一无是处，怨的是没有伯乐看重自己。复杂的情感，一首小诗尽显。

了解了背景，更觉得孟公不易。两首小诗，大家要记在心上啊！

月下独酌

李白的诗我们读了很多，酒诗也学了不少。在我的印象中，李白同学每逢喝酒都是一群朋友，感觉他的人生总是很热闹，一大群人在一起“岑夫子，丹丘生，将进酒，杯莫停！”翻译成现代语言就是：“哥们儿，喝啊，来来来，干杯！”可以想象当时的热闹景象，仿佛李白的人生就是奔赴一场又一场的盛宴。其实不然，那个时代的很多人都是孤独的，起码内心是孤独的，就像这首《月下独酌》，就是李白一个人在月下喝酒，最知名的句子是“举杯邀明月，对影成三人”。就是说喝酒喝到了一定的境界，月亮、自己的影子，还有李白，正好三个人，这想象力，无敌了！这首诗共 14 句，是李白的名篇，和《将进酒》一样被大家熟知。

《月下独酌》是一组诗，一共四首，李白同学挺能写啊，提笔就是四首，前面我们说的《子夜吴歌》也是四首。

《唐诗三百首》中收录的是第一首，这一首也是大家最熟悉的。

扫一扫，
听王芳为你读诗

yuè xià dú zhuó

月下独酌（其一）

李白

huā jiān yì hú jiǔ　dú zhuó wú xiāng qīn
花间一壶酒，独酌无相亲。
jǔ bēi yāo míng yuè　duì yǐng chéng sān rén
举杯邀明月，对影成三人。
yuè jì bù jiě yǐn　yǐng tú suí wǒ shēn
月既不解饮，影徒随我身。
zàn bàn yuè jiāng yǐng　xíng lè xū jí chūn
暂伴月将影，行乐须及春。
wǒ gē yuè pái huái　wǒ wǔ yǐng líng luàn
我歌月徘徊，我舞影零乱。
xǐng shí tóng jiāo huān　zuì hòu gè fēn sàn
醒时同交欢，醉后各分散。
yǒng jié wú qíng yóu　xiāng qī miǎo yún hàn
永结无情游，相期邈云汉。

独酌：独自喝酒，自斟自饮。
对：对着，朝着。
解饮：会喝酒。
徒：徒然，白白地。
月徘徊：月亮由于诗人的歌声而徘徊在原地，不再前进。
无情游：忘情的游乐。
期：约会。

先来看名字，意境就出来了，“月下”，你可以想象是圆月，也可以想象是一弯新月。“独酌”，就是李白一个人喝着小酒，也可以理解为喝闷酒。

前两句漂亮，李白风格，开门见山。“花间一壶酒，独酌无相亲。”这两句话很美，或者说有点凄美，前边我已经讲过好几次了，李白被唐明皇赐金放还后，心情超级苦闷，经常借酒消愁，《将进酒》《行路难》大概都是写于这个时期。这两句话的意思是：花丛中“我”摆上一壶美酒，可惜没有知己陪伴，只好自己小酌了。

我们都能想象到当时李白的小可怜样儿，这句和“人生得意须尽欢，莫使金樽空对月”的喝法可不一样，这是喝一小口，琢磨半天，叹口气，再喝一口，越品愁绪越多。

下面两句老著名了：“举杯邀明月，对影成三人。”李白，好浪漫的男人，喝个酒都不消停，都得把明月想成朋友，这两句我每次读来都觉得李白太牛了，咋想出来的啊。这两句的意思很简单：举杯邀请明月和“我”共饮，加上自己的身影正好是三个人。您说这得多寂寞啊，和月亮还有影子一起喝酒，但是很让人向往，虽然只有李白一个人，但感觉这小酒喝得立刻热闹了起来。

接下来两句：“月既不解饮，影徒随我身。”说月亮呢本来就不懂饮酒的事，而影子又只能在“我”身前身后，这酒喝得有点不过瘾。显然很孤独，只有月亮和影子相伴，但是马上李白就话锋一转，开启无边的想象，后面八句行云流水般流淌了出来。

咱们两句两句地分析，先来看第七句、第八句：“暂伴月将影，行乐须及春。”其中“将”是“偕同、随从”的意思，“及春”就是趁着春光明媚之时。这两句话李白发挥了他的强项，化痛苦为力量，与其抱怨，不如接受。这两句的意思是：好吧，那“我”就暂时把月亮和影子当作伙伴，趁此春宵要及时行乐。

接下来的四句就是各种幻想了，要不李白是诗仙呢，他的想象力一般人真赶不上。看这四句，同学们猜猜什么意思？“我歌月徘徊，我舞影零乱。醒时同交欢，醉后各分散。”这四句话很有动感，李白说：“我唱歌时，月亮在空中徘徊，我跳舞时，影子随着我舞动的身躯飘来飘去。现在我还清醒咱们共同欢乐，等我醉了我们各奔东西。”

这四句，让我眼前有一幅画面，同学们理解之后可以考考爸爸妈妈，看他们知道吗？

最后两句：“永结无情游，相期邈云汉。”这两句里要理解几个词的意思。“无情游”，李白的意思是，月亮是没有知觉没有感情的，李白和月亮交往，所以说这是无情游。“邈”就是遥远的意思。“云汉”就是指银河。古人的天文知识没有那么好，他们认为天上就是神仙生活的地方，有天宫，有玉皇大帝、王母娘娘，每个凡人都希望自己将来能变成神仙，到天上畅游。这首《月下独酌》最后两句的意思是：希望我们可以永远这样尽情漫游，在遥远的天上仙境中再次相见。

这首 14 句古诗从孤独出发，然后各种繁华景象，最后再回归各奔东西，后会有期，真心是唐诗中的经典，我好喜欢，你们喜欢吗？

和李白 PK 闺怨诗

亲爱的同学们，我们先来了解一下什么是闺怨诗。“闺”就是指女孩子住的房子，“闺怨诗”说简单点就是描写女子幽怨情绪的诗。主要描写以下几类女子：古代民间被家人抛弃的女人、思念丈夫的妻子、想念情人的年轻女孩，这几类女子心中的忧伤就是闺怨。

闺怨诗里有一类比较特别，叫作宫怨诗。在唐朝，皇宫里的婚姻是畸形的，皇帝一个人可以拥有很多女子。有些小女孩才十几岁就进宫了，可是运气不好，也许一辈子都没有被皇帝正眼瞧过，只能日复一日地在宫中等待终老，生活没有一点希望，这样的女子肯定是幽怨的、不开心的。唐朝很多诗人以她们为题，写了大量的诗句。

无论是闺怨诗还是宫怨诗，有一个字我们得整明白了，“怨”，反正就是描写各种愁绪的诗，什么老公去打仗回不来啊，什么商人丈夫出去没消息啊，什么宫女每天瞎琢磨啦，没啥高兴的事情。

但是，我必须说，我读的唐诗中描写开心场面的，往往没有描写惆怅情绪的更让人记忆深刻。

李白留给我们的诗很多，将近有 1000 首了，其中有 100 多首是闺怨诗，我估计这和李白的浪漫主义情怀有关。能和李白 PK 闺怨诗的，就要数王昌龄了。

前边我讲了，王昌龄去湖北看老朋友孟浩然，没想到喝了几顿酒之后，竟然造成孟公背疾发作，永远地离开了。王昌龄听说了这个消息，悲痛万分，他那个后悔啊，这酒明明可以不这样喝，结果大家一高兴，把老朋友的命都搭上了。

悲伤中的王昌龄继续南游，在路上遇到了一个重要的人——李白。

两人一见如故啊，因为那个时候李白早已经名满天下了，而王昌龄也因为写了很多牛诗被称作“诗家天子”“七绝圣手”，这两个有才华的人碰到一起，立刻互相写诗，携手同游。

王昌龄这个人在官场上一直不顺利，多次被贬，他 20 多岁的时候在边塞待过一段时间，所以对边疆的将士们极有感情，他写的边塞诗才能那么有血有肉，被称为边塞诗第一人。前面我也说了，“秦时明月汉时关，万里长征人未还”，这诗句写得多有气势啊！王昌龄认识李白之后，他们的交往一直不少，后来王昌龄被贬官，要到龙标县当小县尉，李白专门写了一首诗给王昌龄。名字有点长，叫《闻王昌龄左迁龙标遥有此寄》，这首诗没有那么大名气，也没有入选《唐诗三百首》，但是，后面两句大家还是比较熟悉的。

wén wáng chāng líng zuǒ qiān lóng biāo yáo yǒu cǐ jì

闻王昌龄左迁龙标遥有此寄

李白

yáng huā luò jìn zǐ guī tí
杨花落尽子规啼，
wén dào lóng biāo guò wǔ xī
闻道龙标过五溪。
wǒ jì chóu xīn yǔ míng yuè
我寄愁心与明月，
suí fēng zhí dào yè láng xī
随风直到夜郎西。

杨花：柳絮。
子规：即杜鹃鸟，相传其啼声哀婉凄切。
杨花落尽：一作“扬州花落”。
与：给。
随风：一作“随君”。

首先要了解一下“左迁”的意思。在唐朝，官位以左为大，那么“左迁”是升官的意思吗？这里还真不是。王昌龄是被贬官，为什么李白要用“左迁”呢？原来李白这首诗名遵循了传统的规矩。在汉朝的时候，右贵左贱，所以贬官被称作“左迁”，后来被沿用了，李白这里的“左迁”是贬官的意思哈！

这首七言绝句中有好几个地名。标题中“龙标”在今湖南黔阳县，而诗中的“龙标”则是代指被贬到这里的王昌龄。“五溪”也是地名，有的说是贵州东南部的五条溪水的总称，不过这个地名现在还有争议，同学们就理解为是个有溪水的地方就可以。这里面最重要的地名就是“夜郎”，李白的诗中出现了好多次“夜郎”，小朋友们可能都知道“夜郎自大”的故事吧。在汉朝的时候，在西南方有个小国叫夜郎，它虽然是个独立的国家，但是国土小得可怜，百姓也很少。但是和周边比较，夜郎还是最大的国家。从来没有出去见世面的夜郎国王就觉得自己的国家是最大的国家，经常问身边的人：“这附近哪个国家最大啊？”手下人为了拍国王的马屁，肯定说夜郎国最大啊。国王听得多了，真的以为自己的国家最大，以至于大汉朝的使者来了，夜郎国的国王问人家：“夜郎大还是你们的国家大？”要知道，汉朝在当时已经很强大了。

不过，后来又有很多地方先后被命名为“夜郎”。李白说的这个夜郎是指唐贞观五年所设置的夜郎县，在今天湖南省芷江县西南。

这首李白写给王昌龄的诗大概意思是：在柳絮落尽、杜鹃鸟啼叫的时候，“我”听说被贬为龙标县尉、前往上任的你已走到了五溪，你的遭遇让“我”很是烦心，“我”把“我”忧愁的心寄托给明亮的月亮，希望它能伴随着风儿一直陪伴你到夜郎以西。后面两句好有意境，本来没有感情的明月，因为李白把“愁心”给了它，立刻变成了王昌龄的知心好友，这写法太感人了。

王昌龄和李白，两个大才子，就是在诗的一来一往中增进了感情。

而他们俩又都非常善于写闺怨诗，李白能写闺怨诗我特别理解，他本身就是一个多情的人、浪漫的人，但是王昌龄写了那么多细腻的闺怨诗，我真是挺意外的。因为王昌龄在我的印象中，就是一个铮铮铁骨的汉子，写边塞诗的高手。写战争题材他是一把好手，但是你读读他的宫怨诗，发现原来王昌龄也是一个萌叔，很细腻的！

今天，我带大家读两首闺怨诗，一首李白的，一首王昌龄的，大家感受下，谁写得更美呢？

先来看一首超级点题的哈！这首诗被收入《唐诗三百首》中了，名字就叫《闺怨》。

guī yuàn
闺怨

王昌龄

guī zhōng shào fù bù zhī chóu
闺中少妇不知愁，
chūn rì níng zhuāng shàng cuì lóu
春日凝妆上翠楼。
hū jiàn mò tóu yáng liǔ sè
忽见陌头杨柳色，
huǐ jiào fū xù mì fēng hóu
悔教夫婿觅封侯。

闺怨：少妇的幽怨。闺，女子卧室，借指女子，一般指少女或少妇。
不知愁：一作“不曾愁”。
凝妆：盛妆，意指十分考究地打扮起来。
陌头：路边。
悔教：后悔让。
觅封侯：为求得封侯而从军。觅，寻求。

王昌龄这首诗是描写唐朝上流社会中，贵妇人春天赏景时突然思念丈夫的一首诗。她的丈夫去哪里了呢？去从军打仗了，她在欣赏春色的时候突然发现自己也没人陪，有点后悔当时让丈夫去那么远的地方了。

前两句：“闺中少妇不知愁，春日凝妆上翠楼。”“翠楼”就是装饰为青色的楼，那个年代，很多显贵之家都把房子装饰成青色。这两句话的意思就是：闺中嫁人不久的少妇以前都不知道啥叫离愁，春天的时候，她把自己打扮得漂漂亮亮，登上了青色的楼去欣赏春色。从这两句来看，这个少妇应该生活条件不错，年纪也不大，估计老公去边塞的时候，没想过会分开这么久，好像还没有心理准备。

后两句：“忽见陌头杨柳色，悔教夫婿觅封侯。”意思是：她忽然看到路边的杨树啊、柳树啊都发芽了，春色袭人，一下子春天就来了，这才意识到丈夫已经走了很久了。惆怅的心情涌上心头，唉，好后悔啊，当初不应该让丈夫从军边塞，建功封爵。

一首小诗，女子春天思念丈夫的景象一下子活泛了起来，似乎我抬头都可以看到那个楼上赏春色的女子。

再来看一首李白同学的闺怨诗，题目中也有个“怨”字，也被收录到了《唐诗三百首》中，我们来对比一下，二者写法不同，意境也不同。

yuàn qíng
怨情

李白

měi rén juǎn zhū lián
美人卷珠帘，
shēn zuò pín é méi
深坐颦蛾眉。
dàn jiàn lèi hén shī
但见泪痕湿，
bù zhī xīn hèn shuí
不知心恨谁。

颦蛾眉：皱眉。颦，一作“蹙”。
但见：只见。
恨：怨。

这首诗也是写一个女子在思念心上人。第一句里的“美人”不仅仅是我们现在说的美女，而是指漂亮又品德高尚的女子。“深坐”就是久坐的意思。这首小诗的意思很简单，就是说一个美丽的女子卷起珠帘，在深闺中久久地坐着，皱着眉头在想些什么，想着想着，眼泪禁不住流了下来，脸上泪痕斑斑。唉，不知道她心里怨的是谁?

这里的“恨”字用得特别棒，他没有说女子在思念谁，而是说“恨”，估计女子是很喜欢一个人，但是那个人不在身边陪伴，她是大家闺秀，也不能直接说出来，所以只能自己偷偷流眼泪，心中暗自生怨了。

两首诗都是闺怨诗，都是写思念之情的。王昌龄的那首简单明了，言简意赅，李白这首充满了浪漫主义色彩，没说一个“愁”字，却看得人满心是愁。

两首都好，两人都是高手，对决难分高下。

一次很有意思的聚会

品酒、赌诗哪家强？昌龄、高适和之涣！

这是一个关于唐朝诗人特别著名的故事，是三个唐朝诗人喝酒赌诗的故事。如果当时岑参在就好了，因为他们三个加上岑参，四个人就奏出了唐朝边塞诗的最强音——“边塞四诗人”。不过，他们三个凑在一起已然是非常不容易了，那么他们三个人在一起发生了什么故事呢？先来一一介绍下人物：

第一位，王昌龄，就是之前我说的去看望孟公的那位大诗人，他和孟公、李白、王维都是好朋友。好羡慕盛唐的这个时代，有那么多有才华的文人，最关键他们还都是一个朋友圈的人。如果当时有微信朋友圈，李白发一条，王昌龄、杜甫、孟浩然都得点赞，因为他们都是好朋友。多豪华的点赞团啊！

第二个人物就是高适了，他出生于约公元700年。高适也是条汉子，又有才华又能带兵打仗，出任过刺史和节度使，这两个都是大官，都有兵权。尤其在唐朝中后期，节度使的权力非常大。高适真是了不起啊，能文能武。

第三个是王之涣，三个人中他年龄最大，出生于公元688年，比李白大 13 岁，和孟浩然基本同龄。王之涣有一个特别爱他的妻子李氏，他在官场上也是颇不得意，有 15 年赋闲在家。他的妻子心甘情愿和他过清苦的生活，后来生活刚刚好一点了，王之涣却病逝了，李氏也在六年后撒手人寰。所以也是让人唏嘘啊！和另外两位比，王之涣留下来的诗歌实在是太少了，只有六首。不过这六首中，有两首绝对是大家耳熟能详的，比如“白日依山尽，黄河入海流。欲穷千里目，更上一层楼”。这就是王之涣的诗，小朋友们一定背过吧？不过这首诗里面有很多故事，下一篇我再写哈！

这三个人，有一年都在洛阳游学，由于他们三个人当时都很有名气，又互相倾慕，于是就经常相约一起聚会。

古代文人聚会，一般就是喝酒赋诗，如果再有美景就更好了。那天他们三人聚会的时候恰好就是雪花飘飘，他们选择了一个酒楼，这个酒楼叫龙华寺旗亭，旗亭就是酒楼的意思。他们三个人临窗而坐，边看外边的雪景边喝酒聊天。

这个时候，酒楼来了一批客人，是梨园子弟，人比较多，于是他们三个就退到炉火旁，围着火炉继续聊天。又一会儿，来了四名漂亮的歌伎，她们也来参加聚会，这些人都能唱能弹，一会儿就热闹起来了。

在唐朝，很多艺人会把流行的诗句谱上曲子，然后吟唱出来，就像前边我讲的李龟年唱王维的《相思》一样。那个年代，自己的诗被传唱的程度就是检验一个诗人是否出名的标准之一，看看作品是否被老百姓熟悉。

王昌龄看到这个情况，就和高适、王之涣说：“两位，我们在诗坛都是有地位的人，但是吧，谁的诗更好，还真的一时难分高下。你们看这样好不好，今天这些歌伎唱谁的诗最多，就算谁胜利，你们觉得怎么样？”高适、王之涣都说：“好啊！”

三个盛唐时期著名诗人的比拼就正式开始了！

那边的歌伎果然开始唱歌了，一个歌伎打着拍子开始唱："寒雨连江夜入吴，平明送客楚山孤。洛阳亲友如相问，一片冰心在玉壶。"哈哈，这个我刚刚讲过，是王昌龄的《芙蓉楼送辛渐》。王昌龄好开心地在墙上画了一道儿做记号，说："两位，这是在下的一首绝句啊！"

刚说完，又一位歌伎唱了起来："开箧泪沾衣，见君前日书。夜台今寂寞，独是子云居。"这下轮到高适开心了。这是高适的《哭单父梁九少府》的前四句，这首诗稍微有点长，以后找时间我再给大家详细讲解。反正高适是很开心的，自己举起酒杯喝下一杯，然后也在墙上画了一道儿。

这时只有王之涣的诗还没有人唱呢。现在我们看到的王之涣的诗只有六首，当时他可是写了很多诗的，只是后来遗失了。第三个歌伎开始唱了："奉帚平明金殿开，且将团扇共徘徊。玉颜不及寒鸦色，犹带昭阳日影来。"这首诗是王昌龄的《长信秋词》，王昌龄老开心了，喝一杯又在墙上画了一道儿，说："在下又一首诗。"

这时只见王之涣一边胸有成竹地喝酒，一边惬意地欣赏歌伎的演出，王之涣在三个人中年龄最大，出名也最早，他自信不会输在两位老朋友的手上。他看到王昌龄、高适很开心的样子，便开玩笑说："两位不要着急，最漂亮的那个歌伎不是还没有唱呢吗？刚才那三个都是不入流的歌伎，不能理解我的诗，你们看到第四个歌伎了吧，最漂亮的那个，她如果唱的也不是我的诗，那好，我王之涣这辈子就甘拜下风了！"

说着说着，第四个歌伎上来唱歌了。曲调响起，大家都很紧张，姑娘一张嘴，王之涣彻底放心了。原来姑娘唱的是："黄河远上白云间，一片孤城万仞山。羌笛何须怨杨柳，春风不度玉门关。"这正是王之涣的《凉州词》。哈哈哈，三个诗人同时大笑了起来，引得那些乐工回头相问："先生为何如此高兴？"王昌龄他们讲了刚才赌诗的过程，满座的人都惊了，露出了傅园慧式的表情："啊！真的吗？真的吗？"赶紧纷纷来拜见三位大诗人。

这个故事在当时的诗坛很有名气，被称作是“旗亭画壁”，就是在旗亭歌伎唱了谁的诗，诗人往墙上画一道，这个故事充分说明他们三位当时在诗坛地位了得啊！

最后，我来把《凉州词》讲一下，因为它实在是太出名了，可以说是千古绝唱。这首诗又名《出塞》，在很多版本的《唐诗三百首》中，都用《出塞》这个名字。

扫一扫，
听王芳为你读诗

liáng zhōu cí
凉州词

王之涣

huáng hé yuǎn shàng bái yún jiān yí piàn gū chéng wàn rèn shān
黄河远上白云间，一片孤城万仞山。
qiāng dí hé xū yuàn yáng liǔ chūn fēng bú dù yù mén guān
羌笛何须怨杨柳，春风不度玉门关。

黄河远上：远望黄河的源头。一作“黄沙直上”。
羌笛：羌族用来吹奏的一种管乐器。古羌族主要分布在甘肃、青海、四川一带。
何须：何必。
杨柳：指《折杨柳》的曲调，基调哀怨。
度：经过。
玉门关：位于今甘肃省敦煌市西面，古时是通往西域的重要关口。

《凉州词》是凉州歌的唱词。当时有一些大臣得知唐玄宗李隆基喜欢音乐，就从西域搜集了不少曲谱进献给皇帝，皇帝呢，把这些曲子交给了乐坊，配上新的歌词演唱。《凉州词》就是给凉州歌写的歌词，唐朝好多诗人都写过《凉州词》。凉州在现在甘肃的武威，为古代的戍边要地，大家可以在地图上找一找。

前两句："黄河远上白云间，一片孤城万仞山。"这里面"孤城"就是指玉门关。"仞"是一种古代的长度单位，一仞相当于七尺或者八尺，"万仞山"就是指很高很高的山。这两句的意思是：远远望去，黄河渐行渐远，好像奔流在缭绕的白云之中。高山之间，一座孤独的玉门关耸立在那里。

同样是写黄河，李白写的是由远往近看："君不见黄河之水天上来，奔流到海不复回。"王之涣写的是从近往远看，所以是"黄河远上白云间"，看的方向不同，气势也不同，同学们可以闭上眼睛感受一下。

后两句很有意思了："羌笛何须怨杨柳，春风不度玉门关。"在这样的景色中突然听到了羌笛声，吹奏的曲调是《折杨柳》，"柳"和"留"谐音，所以古人离别有送柳枝的习俗，表示留念。这两句话的意思是：羌笛何必老是吹奏那哀怨的《折杨柳》曲调呢？玉门关外本就是春风吹不到的地方，哪有杨柳可折？这句话的"何须怨"不是说没有怨，而是告诉大家不必抱怨，抱怨也没有用。明朝的文学家大才子杨慎曾经分析过这两句话，他觉得王之涣写"春风不度玉门关"有讽刺的意思，是借大自然暗喻皇帝不关心关外的战士们的生活。到底是不是这样呢？大家可以自己感受下，理解唐诗就是仁者见仁、智者见智的事，大家从小学习唐诗，长大以后会发现学习很简单，因为我们学会了理解和思考。

不管怎么说，这首诗当时帮助王之涣在旗亭挽回了面子。旗亭那次雪夜的聚会让我不断回忆，三位大诗人都让人敬佩。他们还有很多诗歌，王芳阿姨在下面几篇文章中还会讲到哈。

唐诗中的班婕妤

很早我就想写下班婕妤，我很喜欢的一代才女。

前边那篇文章提到的“旗亭画壁”中，歌伎唱的王昌龄的第二首诗就是写班婕妤的故事，这也是王昌龄的代表作之一，叫作《长信秋词》。长信是指长信宫，这个宫殿是当时皇太后住的宫殿。那么班婕妤为什么会和长信宫有关系呢？听我来讲讲班婕妤的故事。

首先，班婕妤并不是姓班叫婕妤，婕妤是西汉时宫中嫔妃的一个等级，而且是比较高的等级，有些婕妤后来就晋升皇后了。

班婕妤是西汉时期的才女，她只比王昭君小几岁，基本是同一个时代的人。王昭君是汉元帝时期的宫女，班婕妤侍奉的是汉元帝的儿子汉成帝。

做个才女是很累的，因为要读很多书，要知礼仪，要明事理，班婕妤就是这样的女子。更重要的是，她长得漂亮，又有才华，品德还好，真是让人羡慕，也有可能被人嫉妒。

班婕妤在很小的年纪就入宫了，开始是地位低下的女官，后来因为她才华出众，深得当时的皇帝汉成帝的喜欢，便被册封为妃子。汉成帝希望她能够每天跟在自己身边，专门做了一辆很大的车子，和班婕妤一起出行。没想到班婕妤并不领情，她说古代的明君出行，身边都是能干的臣子，只有昏君才老带着妃子出去玩。言下之意就是希望用自己更多的力量来影响汉成帝，让他成为明君。当时的王太后听说了这些事，非常欣赏班婕妤，太后的认可让班婕妤在后宫的地位大涨。

但是好景不长，汉成帝有了新的宠妃赵飞燕。赵飞燕不但漂亮而且很会跳舞，很快俘获了汉成帝的心。这赵飞燕可不是一般人，她不但让汉成帝废了当时的许皇后，而且还准备除掉班婕妤。因为赵飞燕知道班婕妤很有威信，也是她真正的劲敌。班婕妤看到形势不好，主动要求到太后身边侍奉太后，也算是有了个大保护伞吧，这样赵飞燕就不敢怎么样她了。太后住在长信宫，班婕妤也就跟着到了长信宫，在那里，可怜的班婕妤经常自己扇着团扇，独自伤心。想当初，皇帝那样喜欢班婕妤，可是赵飞燕一来，情况竟然变成了这样。

故事的结局也是悲惨的。汉成帝正值壮年，有一天早上起来突然就不能说话了，很快逝去。用现代医学解释，汉成帝很有可能是得了脑中风之类的疾病。汉成帝去世之后，赵飞燕专注于宫中权力争斗，而班婕妤却提出要去给汉成帝守灵，并且被批准。她生命的最后一年，就是在成帝的陵园中度过的。我不能想象，这样有才华的女子当时在陵园中每天是什么样的心情。如果成帝在天有灵，看到有班婕妤这样陪伴他，估计也会被感动，也会后悔曾经那样冷落班婕妤吧。

这首诗就是写给班婕妤的，《长信秋词》一共写了五首，这是第三首。这首流传最广，被收录到了《唐诗三百首》中，又名《长信怨》。

cháng xìn qiū cí
长信秋词（其三）

王昌龄

fèng zhǒu píng míng jīn diàn kāi
奉帚平明金殿开，

qiě jiāng tuán shàn gòng pái huái
且将团扇共徘徊。

yù yán bù jí hán yā sè
玉颜不及寒鸦色，

yóu dài zhāo yáng rì yǐng lái
犹带昭阳日影来。

长信秋词：这首诗被《乐府诗集》编入《相和歌·楚调曲》，题作《长信怨》。原作五首，这是第三首。长信，汉宫殿名。

奉帚：供奉箕帚洒扫之役。这里指供养太后之事。

平明：指天亮。

将：拿起。

团扇：班婕妤有《怨歌行》云："新裂齐纨素，鲜洁如霜雪。裁成合欢扇，团团似明月。"以班婕妤自身的典故，以帚兴起扇，即意含"秋扇见捐"，用语双关。

玉颜：指姣美如玉的容颜，这里暗指班婕妤自己。

昭阳：汉代宫殿名，代指赵飞燕姐妹与汉成帝居住之处。

这首诗的前两句已经把班婕妤当时的身份写清楚了："奉帚平明金殿开，且将团扇共徘徊。"意思是：天色刚明，金殿已开，班婕妤就拿起扫帚，开始打扫卫生，这是每天都必须做的事情。打扫之余，就拿着团扇自己徘徊。班婕妤是才女，到了长信宫之后，日子很无聊，曾经专门写过《团扇歌》来比喻自己的处境，所以诗人王昌龄在这个地方又提起团扇，仿佛团扇已经是班婕妤的标志。

后两句："玉颜不及寒鸦色，犹带昭阳日影来。"前面我们知道了此刻班婕妤的处境，皇帝已经不再喜欢她了。皇帝住在昭阳殿里，她孤零零地待在太后的长信宫里，看到天上飞来一只乌鸦。然后这两句话的意思就很清楚啦：有美丽容颜的"我"竟然比不上天上飞的乌鸦，此刻是秋天了，天气越来越冷，所以叫寒鸦。乌鸦好歹还能晒到昭阳殿的太阳，而"我"却只能在这里遥望昭阳殿，再也不能得到皇帝的恩宠了。

之前我说过，闺怨诗中有一部分是宫怨诗，就是写宫女怨情或者是妃子们失意的诗句。这首就是典型的宫怨诗。

王昌龄很擅长写宫怨诗。

讲了班婕妤，最后说下赵飞燕的结局，也不咋地，或者说更惨。由于宫内权力争斗，赵飞燕曾经一度扶起了下一任皇帝汉哀帝。但是没几年哀帝驾崩，赵飞燕被贬，最后含恨自杀。

所以说，我们要学习历史。学习了历史，你就会发现，那一个个的故事会给我们好多启发。

古代四大名楼，你知道几个？

古人很喜欢用“四”来总结，比如古代四大美女、江南四大才子、中国古代四大发明，今天我们要了解的是古代四大名楼。

我发现，历朝历代，上至天子，下至一个小县令，都喜欢建楼阁，这也成为我们中国建筑历史上的一大特点。不管什么名目都可以建一座楼阁来纪念，可以用来宣扬政绩、纪念大事，也可以用来求神拜佛，而这些楼阁也成为历代文人最爱去的地方，还写了好多诗文来颂扬。今天我们就来说说大家约定俗成的古代四大名楼和写它们的著名诗句。

这四大名楼，只有鹳雀楼在北方，其他的三大名楼都在江南，分别是：黄鹤楼、岳阳楼和滕王阁。

我们先来说说位于山西永济市的鹳雀楼，也叫鹳鹊楼，因为时不时有鹳雀栖息在上面而得名。鹳雀楼在黄河边上，明朝的时候，由于黄河泛滥，鹳雀楼故址被淹没，好可惜啊。1997 年的时候当地政府重新建起了新的鹳雀楼供大家参观。

我想鹳雀楼之所以能够成为四大名楼之一，真的要感谢王之涣。他登上鹳雀楼后，写了那首三岁孩子都会背的《登鹳雀楼》，一下子让鹳雀楼名震天下。前边讲的三个人喝酒的故事中，最沉得住气的是王之涣，他有著名的《凉州词》，而这首《登鹳雀楼》，普及程度更加广泛。

扫一扫，
听王芳为你读诗

dēng guàn què lóu
登鹳雀楼

王之涣

bái rì yī shān jìn
白日依山尽，
huáng hé rù hǎi liú
黄河入海流。
yù qióng qiān lǐ mù
欲穷千里目，
gèng shàng yì céng lóu
更上一层楼。

鹳雀楼：在蒲州（今山西省永济市）古城西面的黄河东岸。楼有三层，面对中条山，下临黄河，为登临胜地。鹳，鹤一类的水鸟。
依：依傍。
尽：消失。
欲：想要得到某种东西或达到某种目的的愿望，但也有希望、想要的意思。
穷：尽，使达到极点。
更：副词，再。

这首诗一定是唐代诗歌的代表之作。如果把唐代诗歌按照大家的熟悉程度排位，这首诗一定能进前五位。语言简单平实，但是大气磅礴，尤其最后两句成为了我们自勉的佳句。

这首小诗意思很简单：夕阳在山边慢慢地沉没，黄河向着大海滔滔东流。如果想要看遍千里的风光，那就要登上更高的一层楼。

四大名楼之二是湖北武昌的黄鹤楼，之前我专门写过。连李白都觉得唐朝诗人崔颢的《黄鹤楼》写得太好了，无法超越，所以在这里我就不多说了。大家一定要记得黄鹤楼在现在的武汉。

接下来要说说岳阳楼了。岳阳楼位于湖南省岳阳市的西门城头，始建于公元220年前后，当时正是三国时期。相传岳阳楼的前身是东吴大将鲁肃的阅军楼，后来大家叫它巴陵城楼。盛唐时，巴陵城改名岳阳城，所以这个楼也就被称作岳阳楼了。现在我们看到的岳阳楼是当地政府在1983年重修的，站在岳阳楼上，可以欣赏非常漂亮的洞庭湖风光。

很多大家都写过关于岳阳楼的作品，最著名的要数北宋文人范仲淹写的《岳阳楼记》，里面有“先天下之忧而忧，后天下之乐而乐”这样的名句，不过这是宋代的事情了。唐代大诗人李白、杜甫、孟浩然都曾经登上过岳阳楼，也都写过诗。

今天我为大家介绍两首：一首是李白的《与夏十二登岳阳楼》，一首是杜甫的《登岳阳楼》。他们两位一个是“诗仙”，一个是“诗圣”，读后就会发现李白同学确实是浪漫主义诗人，而杜甫同学注重写实。两人又是超级要好的朋友，杜甫还给李白写了很多诗，在以后的文章中，我会给大家详细介绍李白和杜甫的深厚感情。今天我们来看看，“诗仙”和“诗圣”都写登岳阳楼，你更喜欢哪一首？

yǔ xià shí èr dēng yuè yáng lóu
与夏十二登岳阳楼

李白

lóu guān yuè yáng jìn chuān jiǒng dòng tíng kāi
楼观岳阳尽，川迥洞庭开。
yàn yǐn chóu xīn qù shān xián hǎo yuè lái
雁引愁心去，山衔好月来。
yún jiān lián xià tà tiān shàng jiē xíng bēi
云间连下榻，天上接行杯。
zuì hòu liáng fēng qǐ chuī rén wǔ xiù huí
醉后凉风起，吹人舞袖回。

岳阳：古代山南水北为阳面，山北水南为阴面，岳阳因在天岳山之南，因此得名。治所在巴陵，即今湖南省岳阳市。
下榻：指住宿。
行杯：指传杯饮酒。

这首诗是李白五言律诗中的代表作品，大概写于公元759年，就是李白被大赦了之后，从白帝城回来，心情超级好啊，写下了“轻舟已过

万重山”的名句之后，然后他开始南游，这天走到了洞庭湖边上的岳阳楼，挥笔写下了这首诗。当时和他一起游览的有个姓夏的朋友，在家中排行十二，所以称“夏十二”。

首联：“楼观岳阳尽，川迥洞庭开。”这里面“开”字用得太好了。前面我讲过孟浩然给张九龄写了一首干谒诗，开始就说了洞庭美景，有两句特别有名：“气蒸云梦泽，波撼岳阳城。”把八月的洞庭美景写到极致了。这两句中“川迥”是写更加辽远的长江。我觉得古代的人因为走南闯北，地理知识特别好，今天可能很多人不知道洞庭湖和长江是相连的，李白却在一句诗中写得很明白。

李白这首诗前两句的意思是：“我”在岳阳楼上把四周的景色看了个遍，隔着那洞庭湖壮阔的湖景，远处的长江依稀可见。

首联写景，颔联就发挥了李白的无敌想象力：“雁引愁心去，山衔好月来。”这两句写得好传神，尤其是“引”字和“衔”字。大雁南归、月出东山这样的自然景色在李白的想象力下变成了以下这番：大雁南飞带走“我”的烦愁之心，而远处的山峦又衔来一轮皓月。可见此刻李白同学的心情真是不错。

颈联：“云间连下榻，天上接行杯。”这句话是夸岳阳楼高耸雄伟的。我猜想那个时候污染少，所以天很干净，云朵飘来飘去，很是美妙。这两句话的意思是：站在高耸的岳阳楼上，仿佛是在云间下榻，传杯饮酒的时候，好像是从天上接下酒杯来一样。

尾联：“醉后凉风起，吹人舞袖回。”估计当时在岳阳楼上有酒楼，李白一见了酒那当然是不能错过的，于是喝酒作诗。这最后两句的意思就是：微醉之后发现四周凉风习习，李白起身跳舞，衣袖随之舞动。啊，带着这美好的感觉，“我”要回去了！

上面就是李白写的关于岳阳楼的诗句，杜甫也在这里写诗了，不过味道就完全不一样了，光看字面“老病”“涕泗流”就想哭，而李白那首看着就想笑。

扫一扫，
听王芳为你读诗

dēng yuè yáng lóu

登岳阳楼

杜甫

xī wén dòng tíng shuǐ，jīn shàng yuè yáng lóu
昔闻洞庭水，今上岳阳楼。

wú chǔ dōng nán chè，qián kūn rì yè fú
吴楚东南坼，乾坤日夜浮。

qīn péng wú yí zì，lǎo bìng yǒu gū zhōu
亲朋无一字，老病有孤舟。

róng mǎ guān shān běi，píng xuān tì sì liú
戎马关山北，凭轩涕泗流。

吴楚：春秋战国时期的吴楚两国，位于我国东南一带。吴在洞庭湖东，楚在洞庭湖西。
乾坤：指天地日月。
字：这里指书信。
老病：杜甫此时 57 岁，身患多种疾病。
凭轩：靠着栏杆。
涕泗：眼泪和鼻涕，这里主要指眼泪。

这首诗大概写于公元768年，此时杜甫已经57岁了。杜甫59岁就去世了，所以这篇诗作写于他去世前两年，而前面李白那首也是写于他晚年，去世前两三年吧，所以李白和杜甫神同步地做了一件事：在去世前两三年登上了岳阳楼，都写下了一首流芳百世的五言律诗。

首联："昔闻洞庭水，今上岳阳楼。"意思是早早就听说了洞庭湖的盛名，今天终于登上了岳阳楼。这句话非常平实，说明了杜甫对岳阳楼向往已久，但是经过了国家的战乱、唐王朝的兴衰，如今，饱尝生活艰辛的杜甫带着满怀的愁绪来到了洞庭湖畔的岳阳楼。

颔联："吴楚东南坼，乾坤日夜浮。"先来看下"坼"这个字，这个字不是很常用，是裂开的意思。这两句话很有意境，写水但是没有一个水字，杜甫真是高手啊！这次我不一个字一个字翻译了，给大家描绘一个景象，大家感觉下。说洞庭湖水啊，茫茫一片，吴地被挤向了远远的东方，楚地则被挤到了西方南方。好像是洞庭水把本来连在一起的吴和楚给分裂成两块了。"我"站在岳阳楼上，四处都是无边的洞庭水，感觉天地万物日日夜夜漂浮在洞庭水上。

颈联："亲朋无一字，老病有孤舟。"这两句话一下子从浩瀚的洞庭湖回到了湖上的一条孤舟上，估计杜甫一看到这叶小舟一下子想到了孤独的自己。杜甫是个忧国忧民的诗人，当时国家经历了"安史之乱"，又不断地受到外族侵略，正在经历苦难。这两句话的意思是：亲朋好友个个都音信全无，"我"年老多病，仿佛一叶孤舟，四处漂泊。

尾联："戎马关山北，凭轩涕泗流。"这里的"戎马"就是指战争。"关山"是泛指，不是指一座山，而是指北方那些边关。"关山北"，也是指打仗的地方，北方少数民族的不断入侵，让大唐的日子雪上加霜。杜甫这两句话的意思是：向北眺望，虽然隔着道道关卡，看不到长安，更看不到战火，但是"我"的心中却在牵挂着边疆，牵挂着长安，想到人民在战争中遭受的苦难，"我"禁不住老泪纵横。

前面两首诗一首是李白同学的，一首是杜甫同学的，一首轻快，一首凝重，都是上乘之作，你们更喜欢哪一首呢?

刚才我们说了古代四大名楼：鹳雀楼、岳阳楼、黄鹤楼，还有一个就是江西的滕王阁。滕王阁是滕王李元婴下令建造的。李元婴是谁呢?就是唐太宗的弟弟，当时被封为山东滕州的滕王，他在当地建了一座阁楼叫作“滕王阁”。不过这个滕王阁因为年代久远已经被毁掉了。后来李元婴被调任洪州，就是现在的江西南昌。在那里，他经常思念当年的“滕王阁”，于是在洪州又建筑了一座“滕王阁”，后来成了四大名楼之一。

滕王阁之所以这么出名，要感谢一个人，这个人叫王勃，初唐四杰之一。他出生于约公元650年，比李白的时代早50年左右，所以李白、杜甫、王维、孟浩然、高适、王昌龄都算盛唐诗人，而王勃算是初唐诗人。王勃最著名的作品还不能算诗，要算骈文。骈文就是文章中的一种，古代字句两两相对成篇章的文体叫骈文，常用四字句、六字句，所以也称“四六文”。王勃只活了27岁就因为溺水而去世了，但是他留下了很多文章，最著名的那篇就叫《滕王阁序》。其中有两句“落霞与孤鹜齐飞，秋水共长天一色”是千古名句，意思是夕阳映照下的彩霞和孤独的野鸭一起飞翔，大雨后的江水显得异常充盈，远远望去，江水似乎和天空连接在一起。这说的就是滕王阁上看到的景象。在这篇文章后面王勃写了一首七言古诗，就叫《滕王阁诗》，我们来看看这首诗：

téng wáng gé shī

滕王阁诗

王勃

téng wáng gāo gé lín jiāng zhǔ pèi yù míng luán bà gē wǔ
滕王高阁临江渚，佩玉鸣鸾罢歌舞。
huà dòng zhāo fēi nán pǔ yún zhū lián mù juǎn xī shān yǔ
画栋朝飞南浦云，珠帘暮卷西山雨。
xián yún tán yǐng rì yōu yōu wù huàn xīng yí jǐ dù qiū
闲云潭影日悠悠，物换星移几度秋。
gé zhōng dì zǐ jīn hé zài jiàn wài cháng jiāng kōng zì liú
阁中帝子今何在？槛外长江空自流。

滕王阁：故址在今江西南昌赣江之滨，江南三大名楼之一。
江：指赣江。
渚：江中小洲。
佩玉鸣鸾：身上佩戴的玉饰、响铃。
南浦：在南昌市西南。浦，水边或河流入海的地方（多用于地名）。
西山：南昌名胜，一名南昌山、厌原山、洪崖山。
帝子：指滕王李元婴。
槛：栏杆。

当年王勃去看父亲时路过滕王阁，参加了当地官员在滕王阁的宴会，提笔写下了《滕王阁序》以及这首诗。诗中提到的滕王，就是当年修建这座阁楼的李元婴，他当时并没有什么政绩，但是精通艺术，建造滕王阁就是为了唱歌跳舞有个好地方。

这首诗我来用散文的方法翻译一下。

高高的滕王阁在赣江的北岸耸立着，曾经这里是多么繁华，那些身挂佩玉的贵人们，都坐着鸾铃鸣响的马车来这里尽情歌舞，如今这些都一去不复返了。清晨，画栋飞来了南浦的浮云；傍晚，珠帘卷入了西山的细雨，这云这雨，朝朝暮暮和阁楼相伴。云影倒映在赣江中，日日悠然不尽，斗转星移，不知道度过了多少个春夏秋冬。看到这些，“我”就在感慨，高阁中的滕王如今在哪里呢？只有那栏杆外的江水独自流淌，日夜不息。

其实我们读唐诗，最重要的是理解意思，理解的时候不一定要逐字翻译，整体理解了更加重要，这也是提高写作水平的重要方法。我建议同学们看一首诗，看懂了，要学会用散文的方法翻译它，久而久之，你会发现自己的文学能力大涨。

今天我讲了古代四大名楼，你们记住了几个呢？

王芳女儿婉儿作品《黄鹤楼》，指导老师：李增君

李白求援，高适为啥不救？

高适是盛唐时期非常著名的边塞诗人，他和李白、杜甫曾经携手同游汴州（今天河南开封），是三个好兄弟。好到什么程度呢？杜甫作诗说过这一段，其中有两句：“醉眠秋共被，携手日同行。”意思就是几个好兄弟每天一起喝酒，醉了在一张床上甚至盖一床被子就睡了，白天继续携手前行。可见当时三个人的感情有多好！

可惜，一场“安史之乱”后，李白和高适走上了不同的政治道路，甚至后来老死不相往来，中间到底发生了什么事呢？

前边我讲了，“安史之乱”爆发之后，唐明皇李隆基西逃入蜀，这时候他的两个儿子各自忙乎：一个是太子李亨，也不管老爸高兴不高兴，自己称帝了；另外一个是永王李璘，想东征拿下南方，结果很快就被李亨给灭了。

这个过程中，我们的李白同学，政治敏感度真是让人着急，永王李璘一招呼他，他竟然去当幕僚了。天真的诗人啊，根本没看清楚形势！

李白的老朋友高适，政治上比李白清醒多了，在关键的时刻给李亨出了很多主意，而且坚定地认为永王必败。于是李亨干脆派高适任淮南节度使，去讨伐永王。李白给永王打工，高适代表朝廷去讨伐永王，这不就相当于两位大诗人站了两队吗？

永王很快就被拿下，作为他的幕僚，李白也因为谋反罪被抓起来了。在狱中，李白一拍脑袋，想起自己还有个老朋友高适正好在处理这个事情，赶紧求救啊。当时李白天真地认为，凭他们当年的交情，高适绝对可以救得了自己。于是大笔一挥在狱中给高适写了封信，托朋友带给高适，之后左等右等，一点消息都没有，难道是高适没有收到信？不是，其实李白的妻子后来还专程求见高适，结果吃了个闭门羹，高适根本没见。

李白当时的悲伤情绪可想而知，这是什么哥们儿，见死不救啊！

那么高适为什么这么绝情呢？是没有能力救，还是不想救？

我猜想一定是不敢救，因为当时李白犯的事儿，是谋反的罪名。当然我认为李白是太天真，因为当时他写过《永王东巡歌》，从诗中看，他并不知道永王做的是谋反的事情，他哪里知道永王是要另立山头啊。而李白犯下的这个错误，在当时绝对是大错误，谋反有可能被杀头，尤其是太子李亨刚刚当上皇帝，对这个事情特别敏感，所以高适不敢轻举妄动。

高适前半辈子一直不得志，经常都很落魄，这次新皇帝信任他，对于高适来说有可能是最后的机会，所以高适特别珍惜，生怕说错一句话，做错一件事。

而李白当时也绝对是名人，搭救他，动静太大，高适怕新皇帝误会他，所以估计高适思来想去，不回话最简单。

幸亏，李白没有被判死罪，只是被流放。而流放的路上，又赶上肃宗大赦，再加上其他好朋友积极营救，李白总算自由了。但是从此，他和高适再无过往。

高适在这件事上确实不仗义，但是我坚信他也属无奈，后来他对杜甫还是给予了很多生活上的帮助的。可见，他并不是一个见利忘义的人，就是因为李白的罪名实在太敏感了。

高适不但政治上有建树，写诗也是一把好手。他有两首诗流芳百世，叫《别董大二首》，这两首作品中，第一首非常出名：

扫一扫，
听王芳为你读诗

bié dǒng dà èr shǒu
别董大二首（其一）

高适

qiān lǐ huáng yún bái rì xūn
千里黄云白日曛，
běi fēng chuī yàn xuě fēn fēn
北风吹雁雪纷纷。
mò chóu qián lù wú zhī jǐ
莫愁前路无知己，
tiān xià shuí rén bù shí jūn
天下谁人不识君？

黄云：在阳光的照耀下，乌云呈现出暗黄色，所以叫黄云。
莫愁：不要担心，不要发愁。
知己：感情真挚、知心的朋友。
谁人：哪个人。
君：你，这里指董大。

题目中的董大是谁呢？是唐朝著名的乐师董庭兰。这首诗是高适和董庭兰久别重逢，短暂聚会，又要各奔东西时写下的一首诗。董庭兰在家中排行老大，所以大家都叫他“董大”。

这首诗前两句写景，后两句抒情，是名句，一定要背下来啊！

前两句：“千里黄云白日曛，北风吹雁雪纷纷。”“曛”就是指暗淡、昏暗，“白日曛”就是说大白天的太阳也暗淡无光。这两句的意思是：天空好像被千里的黄云遮住，感觉很昏暗，北风吹着归雁向南飞，大雪纷纷飘落。这两句话已经表达了游子的心境，当时两个人都处在人生低谷，生活都不得意，所以写出来的诗读着都觉得苦涩。

后两句太牛了，一改前面的阴郁，非常响亮地说：“莫愁前路无知己，天下谁人不识君？”就是说：哥们儿啊，此去你不要担心遇不到知己，天下之人谁不知道你董庭兰啊！两句话中充满了力量和信心，感觉是吹着号角送老朋友出征。

这首诗是唐诗中的经典作品，彰显了高适写诗的功底。

我们再回头看高适和李白，确实觉得他们的友情可惜。但是反过来一想，也是好事，如果高适当时出手相救，万一政敌抓住把柄，再把李白给杀了，那不就更惨了，所以“塞翁失马，焉知非福”啊！

唐朝皇帝，谁最有才？

大唐朝将近 300 年的历史中，共有 20 多位皇帝，其中谁最有才华呢？古代的皇帝几乎没有文盲，即使是草莽英雄出身的，后来也会多少读一些书。

大家都有好老师，那么谁更有才就要看天赋和后天努力了，尤其是艺术方面的造诣，天赋很重要。这样看来，我当然认为唐朝最有才华的皇帝是唐明皇李隆基了。

唐明皇我提过很多次了，他造就的“开元盛世”人才辈出，我们熟悉的唐朝诗人中很多都是那个时代的，那时诗人多，和皇帝重视有直接的关系。古代诗和音乐关系密切，无论是唐诗还是宋词的快速发展，都与当时的音乐发展密切相关。因为大家没事就唱诗，一个曲子可以唱各种词。

唐明皇李隆基很小就展露了自己的音乐天赋。据说他六岁时就开始登台表演，当时他的奶奶武则天是皇帝，在一次宴会上，李隆基男扮女装演唱了《长命女》，让宫廷上下刮目相看。

后来经历了血雨腥风，李隆基当上了皇帝，这下好了，他想干什么就可以干什么了。当时的音乐分为雅乐和俗乐。雅乐就是朝廷祭祀、宗庙、朝会等重要庆典活动中用的音乐，俗乐就是指让大家闲时娱乐的音乐。唐明皇觉得，俗乐也很有艺术性，于是下令在长安设立了专门管理和教授俗乐的教坊，这个地方叫梨园。后来大家就习惯称戏曲艺人为“梨园子弟”，所以唐明皇就是所有梨园子弟的祖师爷。

唐明皇酷爱音乐到什么程度呢？据说他召集了几百名乐工和歌女，组织了一个艺术团，他自己就是团长，经常亲自教授大家如何奏乐如何唱歌。有的时候看演出看激动了，还自己换上衣服，上去敲会儿鼓。弄音乐的人，耳朵都得特别灵敏，唐明皇就是这样，几百人演奏，有一个人错一个音，他都能立刻听出来，确实相当有音乐造诣了。

唐明皇一生作了很多曲子，其中最著名的是《霓裳羽衣曲》，杨贵妃以这首音乐为背景编排了《霓裳羽衣舞》，超级有名。

唐明皇除了精于音乐之外，也爱写诗，其中一首还被收录到了《唐诗三百首》中，也是唯一以皇帝身份进入这本书的诗人。

唐明皇这首诗传唱程度并没有那么高，我个人觉得与题材有关，是祭奠孔子的诗歌，有局限性；但是既然能选入《唐诗三百首》，说明确实是好诗！当了几十年皇帝，唐明皇什么没有享受过啊？所以在作诗这方面就别和大家争了。

jīng lǔ jì kǒng zǐ ér tàn zhī
经鲁祭孔子而叹之

李隆基

fū zǐ hé wéi zhě　xī xī yí dài zhōng
夫子何为者？栖栖一代中。

dì yóu zōu shì yì　zhái jí lǔ wáng gōng
地犹鄹氏邑，宅即鲁王宫。

tàn fèng jiē shēn pǐ　shāng lín yuàn dào qióng
叹凤嗟身否，伤麟怨道穷！

jīn kàn liǎng yíng diàn　dāng yǔ mèng shí tóng
今看两楹奠，当与梦时同。

宅即鲁王宫：孔子宅在今天山东曲阜的阙里，属鲁国故地。孔安国《尚书序》：“鲁恭王坏孔子旧宅，以广其居，升堂，闻金石丝竹之声，乃不坏宅。”
否：困厄，不顺。
麟：瑞兽，象征太平盛世。
楹：堂前柱子。

这首诗的名字把成诗的过程交代得非常清楚。唐明皇一行人去泰山祭天，然后途经曲阜到孔子宅祭奠，有感而发。

我先来介绍一下孔子。

孔子生活在春秋时期，那个时候有诸侯国。西周时期的最高统治者，也就是天子把土地连同土地上的人民一起封给了一些王族和功臣，这些分封的小属国就是诸侯国。诸侯国必须服从管理，经常给天子进贡。随着几个大的诸侯国相继崛起，天子逐渐大权旁落，而诸侯国之间也时不时地有战争，因为谁都想当老大。

孔子祖上是宋国的贵族，他出生于鲁国，爸爸在他三岁的时候就去世了，妈妈带着他和哥哥过了很多年的清苦生活。后来孔子渐渐地有了一些名气，生活才有了好转。他 26 岁开始开办私塾，历史上记载孔子有三千弟子，其中有 72 名贤人，就是说这 72 个人都特别能干，后来很多都成为了各个诸侯国的重臣。

孔子一辈子都想做件大事，辅佐明君，但是偏偏命运不济，从鲁国到齐国到晋国，溜达了一大圈，总是一开始受到国君的欣赏，等孔子看到这个国家的问题，想施展政治抱负的时候，就会因为触犯了其他人的利益，而被排挤。所以后来没有办法，孔子只能带着他的徒弟各国溜达，传播思想，有时饿得都吃不上饭，历史上称孔子这一段时间是在周游列国。

孔子是大圣人，说了很多名言，一直影响着我们。

孔子说：“三人行，必有我师焉。”意思是几个人在一起走，其中必定有可以做我老师的人。

孔子说：“工欲善其事，必先利其器。”意思是要想把工作做完美了，首先得把工具准备好。

孔子说：“学而不思则罔，思而不学则殆。”意思是一味读书而不去思考，就不能有效地利用书本知识，甚至会陷入茫然；而如果一味空想而不去脚踏实地地钻研、读书，则收效甚微。

孔子说："君子坦荡荡，小人长戚戚。"意思是君子做事光明磊落，小人则斤斤计较。

要说起来，孔子的名言多了去了，他去世以后，他的学生把他的语录总结在了一起，就是著名的《论语》。所以，《论语》不是孔子写的，是他的学生们整理了他的语言和事迹而形成的。大家记住几句，关键时刻用一下，一定会让身边的人刮目相看呢！

好，介绍了孔子，我们来看下唐明皇这首祭奠孔子的诗歌，里面有很多典故，我们来简单了解下：

首联："夫子何为者？栖栖一代中。""夫子"是对孔子的尊称，我们平时习惯称他为"孔夫子"。"栖栖"就是指忙碌不安的样子。这两句话的意思是亲爱的孔夫子啊，你一辈子劳碌奔波，周游列国，究竟想要做成什么呢？

颔联："地犹鄹氏邑，宅即鲁王宫。""鄹"和"邹"同音，是一个地名，在春秋时期的鲁国境内，在今山东曲阜市东南，孔子的爸爸曾经任鄹邑大夫。"大夫"是春秋时的一种官职，孔子出生在这里，这两句话的意思是：如今这个地方还是鄹县的城邑，您也被安葬在了您出生的地方。您的旧宅子曾经差点被人破坏，改建成鲁王宫。这背后有个故事，说当时鲁恭王想要扩建宫殿，看上了孔子的旧宅，但是后来一琢磨，这是孔圣人的房子，不能随便动。这说明王侯都要敬孔子一番，表明孔子威望很高。

颈联："叹凤嗟身否，伤麟怨道穷！"这里面又有两个小故事：一个是说凤凰的，孔子的弟子在《论语》中记载，孔子曾经说过："凤鸟不至，河不出图，吾已矣夫。"意思就是凤凰来了代表着吉祥如意，现在凤凰不出现，孔子预感自己也不能见到天子。第二个小故事是关于麒麟的，相传孔子看到别人打猎，竟然捕获了一只麒麟，非常悲伤地说："麒麟都死了，我的愿望也不能实现了！"因为在孔子的感觉中，麒麟是瑞兽，它被捕杀是不祥之兆。知道了这两个小故事，我们再来看李隆基这两句诗就很好理解了：凤凰不出现，你叹息命运不好，麒麟被伤害，你非常忧伤，感叹世乱道穷。

尾联："今看两楹奠，当与梦时同。""两楹奠"就是指祭奠礼仪之隆重庄严。孔子活着的时候，曾经梦到自己坐在两根柱子之间，有人给他送食物。孔子醒来之后，预感自己就快去世了，就把这个梦讲给弟子听，果然七天之后，孔子去世了。后人说"两楹梦"就是指孔子之死。知道了这个小故事，这两句话就翻译出来了：正如同孔子生前梦境中所见到的一样，大家在两楹间祭奠您，想必您在天上也会感到慰藉吧！

这首诗确实用典很多，也比较拗口，我觉得大家了解下就可以，关键是通过这首诗了解了大圣人孔子，所以说，学唐诗其实就是品历史。

看完这首诗，我得说，唐玄宗李隆基确实是唐朝最有才华的皇帝之一，我们还要记住他是曲艺界的祖师爷，这篇文章你就没白看！

大才子为何只活了27岁

亲爱的同学们，今天要给大家介绍一位大才子，他就是写了《滕王阁序》的王勃。

一直想写王勃，却不知该如何下笔，因为对于我来说，王勃一直是一个谜。今天我就想带领同学们试着走进初唐大才子王勃的生活，看看那一年到底发生了什么。

王勃只活了27岁，据史书记载他是因溺水之后惊吓而死的。这个死因好意外啊，至于是怎么溺水的，又是怎么受惊吓的，我找了好多书籍，都没有答案。那是1300多年前的事情了，我只能推测。

既然不确定，为什么还要写王勃呢？是因为他真的太有才华了，他六岁起就可以写文章了，文笔流畅。大家想想，六岁，也就是幼儿园大班的孩子，竟然可以作文章了，真是神童。在他不到十岁的时候，做了一件特别牛的事情，他读隋末唐初的史学家颜师古注释的《汉书》，竟然找出了好多瑕疵，还专门写了十卷《指瑕》。我得说说这事有多么不可思议：《汉书》也被称作《前汉书》，是东汉时期的史官班固编撰的。我们背诵朝代歌，就会知道西汉之后是东汉，当然中间还被王莽篡位15年，称为新朝。《汉书》因为是东汉人编著的，所以从西汉开国皇帝刘邦写到了王莽。唐朝初年，历史学家颜师古开始注释这本《汉书》，在当时这是很大的工程。颜师古是专门研究汉史的史学家，没想到，研究了一辈子，竟然被一个不到十岁的小屁孩找到了很多瑕疵。幸亏王勃出生的时候，颜师古先生已经仙逝了，要不估计得让王勃这个小同学给气得背过气去。

这个小故事，让我十分敬佩王勃，要知道，给史书挑毛病，你得有多大的知识存储量啊，十岁的王勃就是这样一个才华横溢的学霸。

不过，我们的学霸有个问题，就是说话太直，因为他出道的时候非常年轻，16 岁，当时的皇帝唐高宗就读到了他的文章，夸他是奇才。正因为如此，他恃才傲物，小小年纪进入官场，和那些老油条 PK，他肯定不是对手啊。不久就因为一篇文章被皇帝看到了，皇帝觉得他挑拨离间，把他贬官了。

贬了也没事，因为王勃太年轻了，有的是机会。

在他还在任上的时候，他送一个姓杜的朋友去外地当官，王勃提笔写下了一首送别诗，成为了千古名作。

扫一扫，
听王芳为你读诗

sòng dù shào fǔ zhī rèn shǔ zhōu
送杜少府之任蜀州

王勃

chéng què fǔ sān qín，fēng yān wàng wǔ jīn
城阙辅三秦，风烟望五津。

yǔ jūn lí bié yì，tóng shì huàn yóu rén
与君离别意，同是宦游人。

hǎi nèi cún zhī jǐ，tiān yá ruò bǐ lín
海内存知己，天涯若比邻。

wú wéi zài qí lù，ér nǚ gòng zhān jīn
无为在歧路，儿女共沾巾。

海内：泛指全国各地。古人由于认知的局限性，认为陆地的四周都被大海包围，所以习惯称天下为四海之内，简称海内。
比邻：近邻。古代以五家为“比”。
无为：不要。
歧路：岔路口，这里指分别的路口。
沾巾：指流泪。沾，湿。

这首诗的题目中“少府”是唐朝对县尉的代指，“蜀州”是四川的一个地名。这首诗题目的意思是：送一个姓杜的朋友到四川去当官。

这是一首五言律诗。颈联“海内存知己，天涯若比邻”估计没有一个中国人不知道吧，太有名了。

首联：“城阙辅三秦，风烟望五津。”“城阙”是指长安城里的城郭和宫殿，“辅”就是辅佐、护卫的意思。“三秦”指长安附近关中一带，因为当年项羽破秦，曾经把这一带分为三个区域，分封给了秦国三个投降的将领，所以这里一直被称作是三秦之地。“五津”是指四川境内长江的五个渡口，这里就是指朋友要去的蜀地。这两句话的意思是：雄伟的长安城由三秦大地守卫着，透过那风云烟雾遥望老兄你要去的蜀地。从长安也就是今天的西安看四川，大家可以在地图上看看，长了千里眼也看不到啊，这是一种夸张的写法，感觉可以看到烟雾蒙蒙的四川。

颔联：“与君离别意，同是宦游人。”“宦游人”就是指出外做官的人，说明这个时候王勃的仕途之路还可以。这两句话的意思是：和老朋友离别，心中有无限情谊，因为我们都是漂泊在外出来做官的人。

颈联：“海内存知己，天涯若比邻。”这两句话成为远隔千山万水的朋友之间表达情意的千古名句，意思是：只要世上还有你这个知己，纵使远在天涯海角也像近在咫尺。说明友情不受时间地域的影响，就像同学们现在有很多好朋友，可能将来上大学了，大家就在世界上的各个国家和地区了，但是我坚信你们的友谊是不会变的。到大家分别的时候，你就可以送给同学们这两句话“海内存知己，天涯若比邻”。

尾联：“无为在歧路，儿女共沾巾。”结尾很牛，收得出乎意料，意思是：在这即将分别的岔路口，不要像那小儿女一般哭哭啼啼啊！

这首诗是一定要背下来的，比李白早出生50年的王勃，可以写出这么浪漫的诗句，我得膜拜下。多才的学霸王勃却英年早逝，早逝的原因和一个官司有关。王勃第二次当官的时候，窝藏了一名罪犯，然后怕惹麻烦，就把罪犯给杀了。这下惹了更大的麻烦，吃了官司，差点被判死刑，幸亏当时遇到大赦，才捡了一条命。

我一直不明白，王勃读了那么多书，难道不知道杀人偿命的道理吗？再说也没有深仇大恨为什么要杀人呢？这些都成了千古之谜。更让人不解的是，王勃的父亲当时也在做官，受到儿子杀人的影响，也被牵连了，这让王勃特别难受，他觉得自己怎么受罪都可以，但不想让父亲跟着着急。在他二十七岁那一年，王勃已经是自由身了，当时他的父亲被贬官到交趾，他准备起程去看父亲，表达自己的歉意。这个交趾在哪里呢？就在今天越南的北部，确实好远。路上王勃做了一件大事，路过江西南昌时，在滕王阁写了《滕王阁序》，之后也千辛万苦地去见到了老爸，回来的路上，就发生了不幸。

史书记载，王勃是溺水后，受惊吓去世了。

那一年，王勃才虚岁 27 岁。每次看到他的故事，除了惋惜之外，还有很多谜团，但是也许这就是历史的魅力，我们后世的人只能推测，不敢确定。那么我能做的，只有读着王勃的诗祭奠他了。

怕你蒙了，再帮你捋一下

前边已经有不少唐朝诗人出现在我的书中，人物一多，难免就会乱，这篇文章我们轻松一下，我帮你捋捋这些诗人。

我觉得学习历史、地理、文学都有窍门，就是你在最初学习的时候，自己头脑中一定要建立一条逻辑线。把所有的知识都按照这条逻辑线来记忆，学习就一下子变得简单了。

首先，这本书我从李白开始写，你在记诗人的时候所有的人都可以与李白对比，这样一下子就好记了。李白出生于约公元 701 年，那是武则天执政的晚年，武则天很有权力欲望，也很能干，她和她之前的皇帝为唐朝的发展打下了良好的基础，才有了后来唐明皇的“开元盛世”。

到现在为止，这本书中写的年代最早的诗人是王勃，他出生于约公元 650 年，也就是说李白比王勃小 51 岁，王勃 27 岁溺水后受惊吓而死，他去世约 24 年后，李白才出生。王勃的代表名句是：“海内存知己，天涯若比邻。”

比王勃年轻一些的要算张九龄了，张九龄一直是朝中的大官，当时文人的领袖。他出生于公元678年，比李白大23岁，王维受到了他的提拔，孟浩然给他写诗希望得到帮助，可见当时张九龄的地位之高。张九龄的代表名句是："海上生明月，天涯共此时。"

然后就是王之涣了，他出生于公元688年。王之涣当年做官不顺利，壮年时有15年几乎没有工作，日子过得非常清贫。最可惜的是，作为唐代最著名的诗人之一，他竟然只给后世留下了六首诗，真心可惜啊！不过在这六首诗中有两首是大家耳熟能详的："白日依山尽，黄河入海流。""黄河远上白云间，一片孤城万仞山。"

孟浩然比王之涣小一岁，比李白大12岁，出生于公元689年。孟公一辈子大部分时间归隐在湖北襄阳的鹿门山中，也想出来做官，但是一直没有伯乐。他和李白、王维、王昌龄都是哥们。孟浩然和王维都是山水田园派诗人的代表，孟浩然名句很多，说个最简单的："春眠不觉晓，处处闻啼鸟。"

王昌龄是著名的边塞诗人，是孟浩然和李白的好朋友，他比李白大三岁，出生于公元698年。孟浩然去世前就是因为和王昌龄聚会，吃了些发物，突然背疾发作去世了。王昌龄有很多名句，比如"秦时明月汉时关，万里长征人未还。""洛阳亲友如相问，一片冰心在玉壶。"

王维和李白同岁，都出生于约公元701年，但是竟然在史书中看不到他们的交往，同时代最伟大的两位诗人，不知为何互不理睬，我宁愿相信是没有相识的机会吧。王维一辈子大部分时间在朝内做官，很儒雅的男人，音乐方面很有造诣，受到了唐明皇李隆基的欣赏。王维的诗作很多，选入《唐诗三百首》的就有将近30首，名句也多得数不过来："明月松间照，清泉石上流。""红豆生南国，春来发几枝。""独在异乡为异客，每逢佳节倍思亲。"还有好多好多……

和李白基本同龄的还有高适和崔颢，高适和李白由于政治意见不同，最后分道扬镳，谁也不理谁了。不过，高适确实也是很牛的诗人，"莫愁前路无知己，天下谁人不识君"就是他的名句。崔颢就是那个写《黄鹤楼》的大诗人，李白去了黄鹤楼看到这首诗，一直赞不绝口。崔颢的名句：“日暮乡关何处是？烟波江上使人愁。”

这些就是我前面介绍过的主要诗人，他们是中国文学史上最闪亮的星星，大家把这些人在心中梳理一遍，你就会发现，记住他们其实并不难，只要有了方法就好办了。后面我还会经常写这样的梳理文章，就是想让大家学会思考和整理的方法。同学们，加油啊！

唐诗思维导图

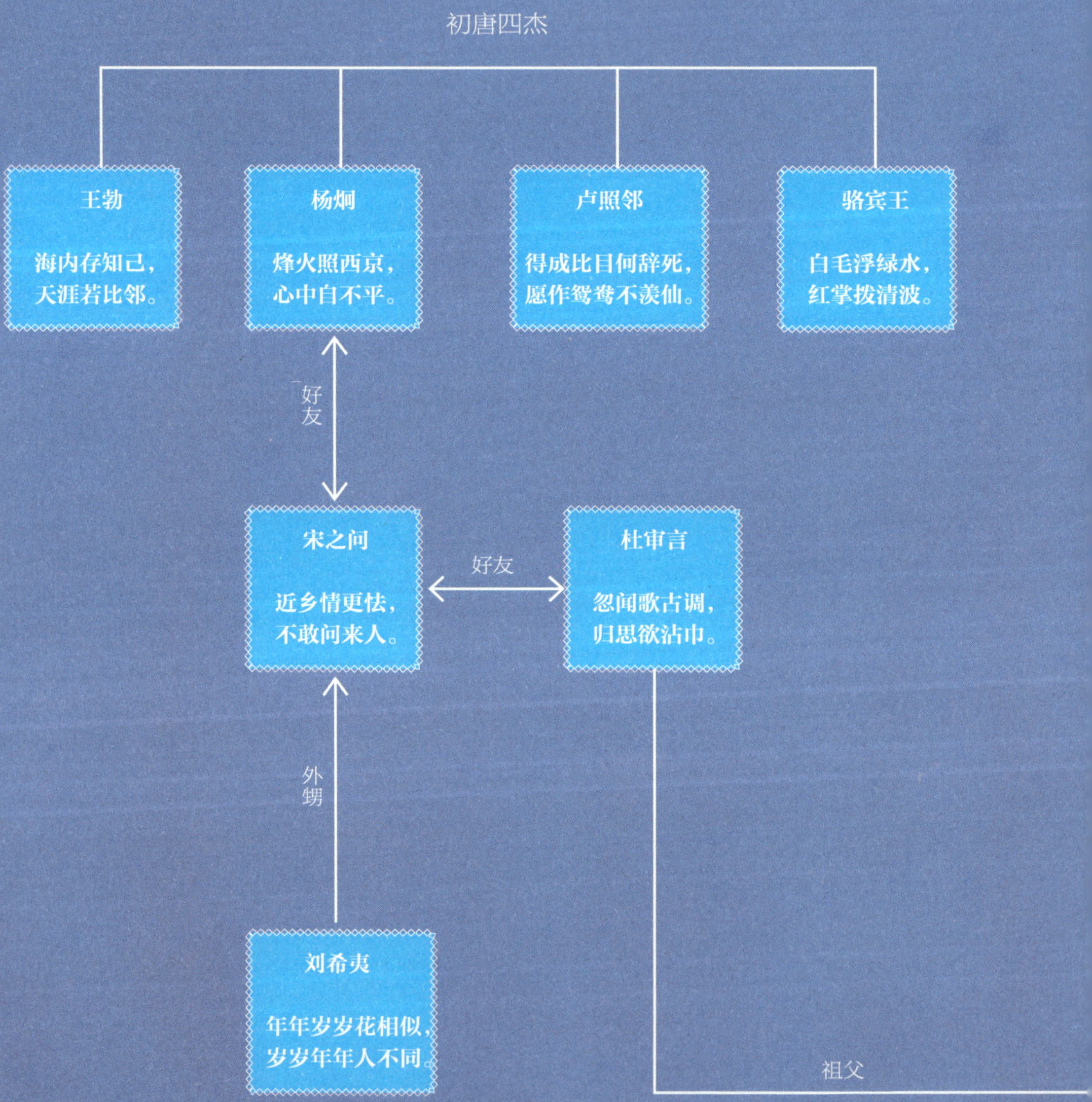
初唐四杰
王勃
海内存知己，
天涯若比邻。
杨炯
烽火照西京，
心中自不平。
卢照邻
得成比目何辞死，
愿作鸳鸯不羡仙。
骆宾王
白毛浮绿水，
红掌拨清波。
好友
宋之问
近乡情更怯，
不敢问来人。
好友
杜审言
忽闻歌古调，
归思欲沾巾。
外甥
刘希夷
年年岁岁花相似，
岁岁年年人不同。
祖父

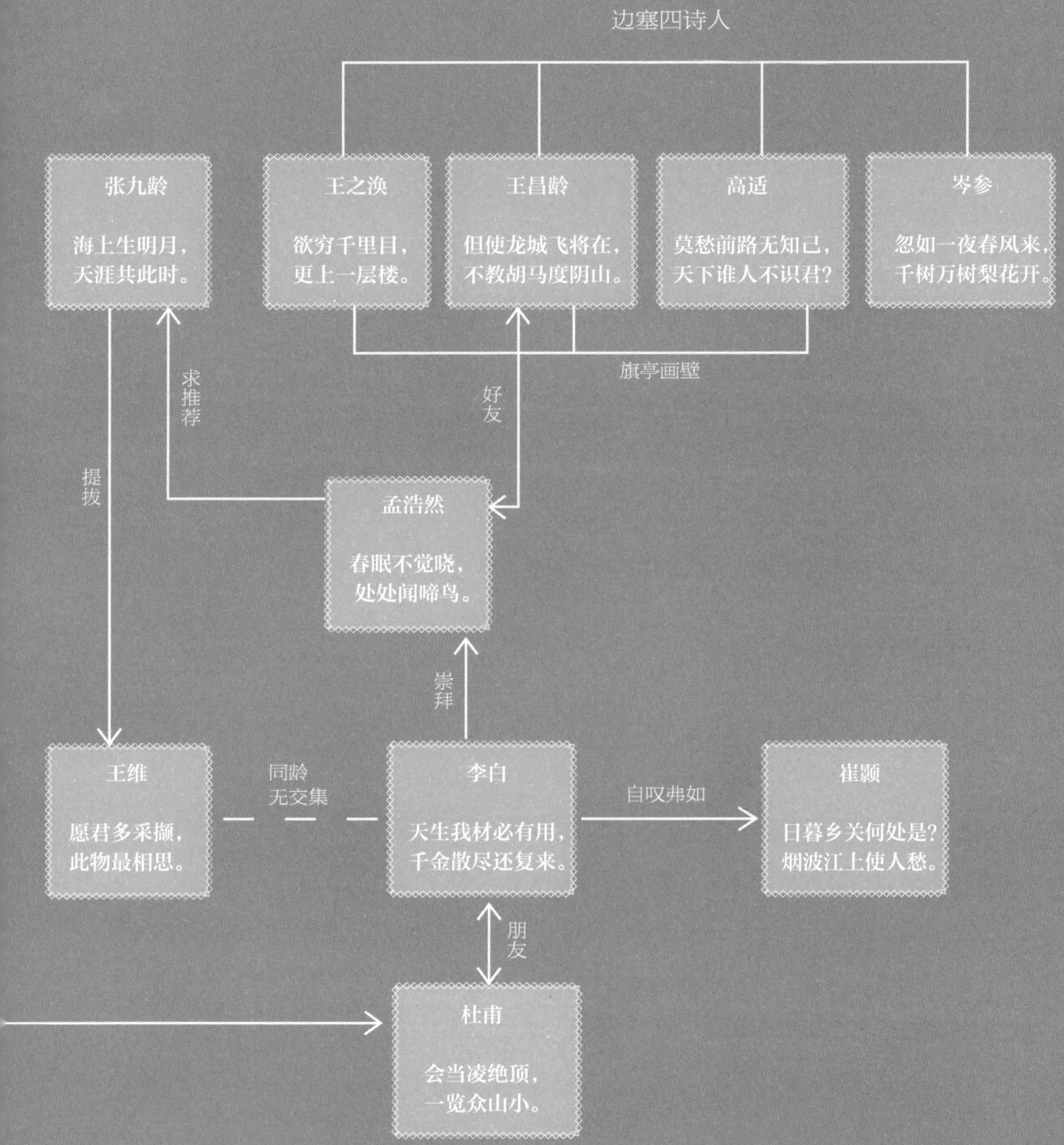
边塞四诗人
张九龄
海上生明月，
天涯共此时。
王之涣
欲穷千里目，
更上一层楼。
王昌龄
但使龙城飞将在，
不教胡马度阴山。
高适
莫愁前路无知己，
天下谁人不识君？
岑参
忽如一夜春风来，
千树万树梨花开。
旗亭画壁
求推荐
好友
提拔
孟浩然
春眠不觉晓，
处处闻啼鸟。
崇拜
王维
愿君多采撷，
此物最相思。
同龄
无交集
李白
天生我材必有用，
千金散尽还复来。
自叹弗如
崔颢
日暮乡关何处是？
烟波江上使人愁。
朋友
杜甫
会当凌绝顶，
一览众山小。

《唐诗三百首》中第一首是谁的诗？

《唐诗三百首》有很多版本，在大部分版本中，第一首都是张九龄先生的《感遇十二首》（其一），这充分说明清朝的蘅塘退士挑选诗的时候，认真考虑了各种情况，优中选优地挑中了这首诗。

作为读者，我们要想熟悉《唐诗三百首》，开篇之作一定要认真记清楚啊！

首先要了解下这组诗的背景，张九龄写这一组诗的时候一定是文思泉涌，因为一下子写了 12 首，每一首都是精品，张九龄在五言古诗方面本身就是“学术带头人”。

张九龄是唐朝的名相，他秉公守则、忠心耿耿，敢与恶势力作斗争，带领百姓修路、开发荒山，当时很受百姓尊敬。

张九龄在朝中本来地位很高，唐明皇李隆基也很欣赏他，让他当中书令，皇帝很多事情都要和他商量。张九龄当官时秉公执法，给了唐明皇很多正确的建议。可是，由于他说话直率，导致朝中恨他的人也不少，比如李林甫。大家看电视剧，凡是李林甫出来，基本一看就是一个精明的老头，心眼特别多，咱不能说导演都是把人物脸谱化，但李林甫确实是我不喜欢的人，如果没有他，唐朝可能还能兴盛一百年。

朝廷本身就是一个你争我夺的地方，在那样的环境中，你要是不把别人 PK 下去，你自己就上不去，于是李林甫很有心机地在皇上面前告张九龄的状。张九龄本身说话就爱得罪人，皇帝身边好多拍马屁的，突然来这样一个性格耿直的，皇帝也接受不了。他也觉得自己有一些决定，张九龄总是泼冷水，再加上别人一告状，一气之下，把张九龄贬成了荆州长史。本来是朝廷里的大官变成了荆州的一个小官，所以正直的张九龄有苦说不出，只能不断地挥笔写诗，来抒发心中的郁闷。

果然，张九龄被贬之后，李林甫当上了宰相。可是在今天看来，这是唐明皇李隆基犯的大错，因为李林甫可没有张九龄的才华，也没有张九龄正直，一手遮天，把朝廷弄得乱七八糟。可怜的唐明皇还特别信任他，把大事小事都交给李林甫，自己每天和杨贵妃唱歌跳舞，为后来“安史之乱”的爆发埋下了很大的隐患。后来唐明皇经常念叨张九龄的好，但是，一切都晚了。

张九龄到了荆州之后，还专门请孟浩然到他的府上工作了一段时间，所以，张九龄也算是孟浩然的伯乐，只是那个时候他自身难保，所以举荐的力度不够大。在荆州期间，张九龄一直很郁闷，但是他的修养决定了他不会像个泼妇一样骂街，他依然很有风度地写诗，虽然诗中有很多苦涩。

gǎn yù shí èr shǒu
感遇十二首（其一）

张九龄

lán yè chūn wēi ruí　guì huā qiū jiǎo jié
兰叶春葳蕤，桂华秋皎洁。
xīn xīn cǐ shēng yì　zì ěr wéi jiā jié
欣欣此生意，自尔为佳节。
shuí zhī lín qī zhě　wén fēng zuò xiāng yuè
谁知林栖者，闻风坐相悦。
cǎo mù yǒu běn xīn　hé qiú měi rén zhé
草木有本心，何求美人折？

兰：此指兰草，古人视兰草为香草，用来比喻高洁的操守。
生意：生机勃勃。
自尔：从此。
佳节：指春秋二季因为有了兰桂而成了最好的季节。
闻风：指沐浴在兰桂的芬芳里。
坐：因而。
本心：天性。
美人：指林栖者，山林高士、隐士。

这首诗是《感遇十二首》中的第一首，张九龄以春天的兰花和秋天的桂花比喻自己，我们来讲讲每一句的意思。

前两句："兰叶春葳蕤，桂华秋皎洁。""葳蕤"这两个字大家看下拼音 wēi ruí，最好在纸上写一下，确实有点儿不好写，就是草木枝叶茂盛的意思。"华"同花，"桂华"就是"桂花"的意思。这两句就是说：兰草到了春天枝叶茂盛，桂花秋天皎洁清雅。大自然就是这样，每一个物种都有属于自己的季节，谁也别强求。

第三句第四句："欣欣此生意，自尔为佳节。"说这春兰秋桂欣欣向荣，使春天和秋天成为美好的季节。这两句诗深意就是不管外界是怎么样的，我自己可以让自己枝繁叶茂，在我喜欢的季节里开放。

第五句第六句："谁知林栖者，闻风坐相悦。""林栖者"就是指在山中栖身的人，这里指隐士。这两句话的意思是：可是谁能理解山中的隐士，看到此情此景所产生的喜欢之情呢？

最后两句是名句："草木有本心，何求美人折？"前面写了隐士很喜欢春兰秋桂，兰桂如果有知觉，一定很乐意接受欣赏它的人来折花。但是这首诗却没有这样写，这两句的意思是：兰花春天茂盛，桂花秋天皎洁，这就是它们的本性，而并非为了博得人们的摘取欣赏。

看完这首诗，不知道同学们是否可以完全理解张九龄当时的心境，他其实想表达的是："我"本人希望自己如兰花桂花一样皎洁，本分做人，而并不想借自己的"香气"来博得别人的喜欢提拔，去追求那些荣华富贵。

这首诗是《唐诗三百首》的开篇，写得非常好，被推荐为五言古诗的经典诗句。

张九龄《感遇十二首》（其七）

在上一篇文章中，我讲过张九龄因为皇帝听信谗言，被贬官到荆州，他一挥笔写了十二首诗，称作《感遇十二首》。今天我们看的这一篇是十二首中的第七首，也被收录到了《唐诗三百首》中，是开篇的第二首诗，同学们可以了解一下。

感遇十二首（其七）

gǎn yù shí èr shǒu

张九龄

jiāng nán yǒu dān jú，jīng dōng yóu lǜ lín。
江南有丹橘，经冬犹绿林。

qǐ yī dì qì nuǎn，zì yǒu suì hán xīn。
岂伊地气暖，自有岁寒心。

kě yǐ jiàn jiā kè，nài hé zǔ chóng shēn。
可以荐嘉客，奈何阻重深。

yùn mìng wéi suǒ yù，xún huán bù kě xún。
运命惟所遇，循环不可寻。

tú yán shù táo lǐ，cǐ mù qǐ wú yīn？
徒言树桃李，此木岂无阴？

经冬：经过了整个冬天。
岂：难道。
伊：那里，这里指江南。
荐：赠给。
阻重深：指道路被重重阻塞。
循环：周而复始。
树：种植。

这是一首五言古诗，一共十句。这首诗看似是在说江南的橘子，但其实诗人是以橘子来比喻自己，表达对朝廷昏暗和自己身世坎坷的愤懑。我觉得唐朝的诗人真幸福，他们在悲伤时，可以用诗来表达心情，可以把抱怨写得那么美，一点儿都不像“怨妇”。

第一句第二句：“江南有丹橘，经冬犹绿林。”开头就把江南的丹橘提了出来，当时张九龄是被贬到湖北的荆州，这里在战国时期是楚地。楚国文学家屈原曾经写过著名的《橘颂》，赞美橘子品格高尚，也就说明在屈原那个时代，楚地就以产橘而闻名了。不过橘树的习性很有意思，只有生长在南方，才能长出甘美的果实，如果把橘树迁移到北方，长出来的果实就又苦又涩，所以古人说：“橘生淮南则为橘，生于淮北则为枳。”张九龄这两句诗的意思是：江南丹橘枝繁叶茂，到了冬天也不凋零，四季常青。

第三句第四句：“岂伊地气暖，自有岁寒心。”“地气”是指气候。“岁寒”据《论语·子罕》，孔子有“岁寒，然后知松柏之后凋也”之语，后用以比喻节操坚贞。此指橘具有耐寒的本性。我们中国人经常把松竹梅称为“岁寒三友”，因为这三种植物在寒冬时还可以保持旺盛的生命力，也是中国传统文化中高尚人格的象征。同学们，这里张九龄就是说橘树也和松竹梅一样，品格高尚。这两句诗原文的意思是：这橘子树到冬天还这样翠绿，难道仅仅因为南方的气候温暖？不，不是的，也因为橘树本身就有耐寒的心。

第五句第六句：“可以荐嘉客，奈何阻重深。”这句话表明张九龄内心深深地受伤了，他的意思是，这么好的橘子明明可以推荐给尊贵的嘉宾客人去品尝，可是，没有办法啊，有重山和深水在阻挡。同学们，你们可以仔细地品味一下张九龄当时的心境，他觉得自己就是这棵高洁的橘树，本想让皇帝赏识，可是没想到皇帝身边那么多人不断地进谗言，让“我”和皇帝之间好比隔了重山和深水。

最后四句："运命惟所遇，循环不可寻。徒言树桃李，此木岂无阴？"看来命运的好坏，只能随境遇的起伏而定。而其中的道理，像周而复始的自然之理一样，是无法追究的。这前边两句感情很复杂，看似无可奈何的样子，最后两句是反问收尾：大家只忙碌着栽培那些桃树李树，硬是不要橘树，难道橘树不能遮阴吗？

这首诗里面的情感同学们可能一时不能理解，张九龄当时充满愤懑无奈，本来是朝中的大官，但是由于李林甫等人跑到皇帝那里瞎说，导致他远离长安。于是张九龄把自己比喻成橘树，似乎在和皇帝诉说心中的不平："皇帝啊，你硬是要那些李树桃树，难道我这棵橘树就不能遮风挡雨吗？"

我自己是非常喜欢这首诗的，建议同学们了解了意思，把它背诵下来，并且努力去做一个品格高尚的人。

你知道这些名句都是王维的吗？

说起唐朝的诗人，大家可能更加熟悉李白、杜甫、白居易。王维，作为当时诗坛的巨匠，竟然常常被忽略了。

这次我因为要写这本书，每天狂读各种唐诗，越读越敬佩王维。他的每一首诗都是上品，最关键的是有很多诗我很熟悉，背诵了很多年，但是才发现竟然是王维的诗，你说王维同学要知道了，得多生气啊！

今天和大家一起来读三首王维的诗，看看王维有多牛！

扫一扫，
听王芳为你读诗

jiǔ yuè jiǔ rì yì shān dōng xiōng dì

九月九日忆山东兄弟

王维

dú zài yì xiāng wéi yì kè
独在异乡为异客，

měi féng jiā jié bèi sī qīn
每逢佳节倍思亲。

yáo zhī xiōng dì dēng gāo chù
遥知兄弟登高处，

biàn chā zhū yú shǎo yì rén
遍插茱萸少一人。

忆：思念、想念。
异乡：他乡、外乡。
倍：更加，加倍。
遥知：遥想，在远处就知道情况的意思。
登高：古有重阳节登高的风俗，用来辟邪。

这首诗是王维17岁时写的。现在的同学们17岁时可能还在爸爸妈妈身边撒娇呢，而在唐朝，17岁的孩子必须出去寻找出路了。王维写这首诗的时候，大概正在长安和洛阳之间奔波，准备找人引荐自己，然后还得参加科举考试。那个时候，对于一个17岁的孩子来说，大城市长安的生活一定让他很不习惯，很想念家乡。其实不管是哪个年代，刚离开家乡的时候是最想家的，因为人生地不熟，每个人都有逃避困难的想法，就会觉得家乡是最美的、最好的地方。我自己刚刚到北京北漂的时候，也是这样，觉得大城市生活好累，也不如家乡方便，特别是过节更加冷清，所以总想回去。现在我在北京快20年了，就渐渐习惯了。

王维当时一定也是在各种摸索，找不到最佳状态，所以过节更加想家。

题目《九月九日忆山东兄弟》，九月九日是中国传统的重阳节。为什么叫重阳节呢，就是因为在《易经》中把“六”定为阴数，“九”定为阳数，九月初九，两个阳数，所以叫重阳节。注意，这个九月初九是阴历，也就是日历牌上的小字，大家不要看错了哈。“山东”不是指山东省，而是王维的家乡，现在的山西永济县，在华山以东，所以说是山东。题目的意思就是重阳节时“我”思念家乡的亲人。

第一句：“独在异乡为异客。”两个“异”字，充分显示了他的内心很清楚自己不是“京城人”而是外地人，在人家的地盘上生活；还有个“独”字，说明自己很孤单；这三个字放在一起，一下子把当时王维漂泊他乡的感觉写得淋漓尽致。这句直接翻译的意思是：“我”一个人离家在外，孤单生活，是他乡的客人。一个17岁的少年已经开始明白一切非常不容易，在大城市想混口饭吃要不断努力。从他后来的经历可以看出来，王维的性格多少有点儿软弱，可能也与当时一个人出来很艰难有关。

第二句：“每逢佳节倍思亲。”这句话意思很简单：就是每逢过节

“我”更加思念亲人。这种感觉可能只有当过游子的人才会明白，一个人在外边过节的感觉真的很糟糕，每到这个时候，会更加想念故乡。同学们长大了都会离开爸爸妈妈去远方，到时候可能就会有更深刻的感觉了。所以这句话一出来就成为了思念亲人的佳句。

第三句第四句：“遥知兄弟登高处，遍插茱萸少一人。”重阳节很多地方都有登高的习俗，王维遥想这一天兄弟们都去登高了，只有他孤单地在他乡漂泊。茱萸是一种香气非常浓烈的植物，有些地方的习俗是在重阳节要往头上、身上插一些茱萸以辟邪。王维想象漫山遍野登高的人，身上都插着茱萸，只是少了“我”一个。这样的遗憾正是王维这首诗的亮点。

这首诗我相信大家都会背，不过里面的知识点你们弄明白了吗？如果明白了，我们来看下一首，也是王维的经典作品。

扫一扫，
听王芳为你读诗

sòng yuán èr shǐ ān xī

送元二使安西

王维

wèi chéng zhāo yǔ yì qīng chén kè shè qīng qīng liǔ sè xīn
渭城朝雨浥轻尘，客舍青青柳色新。
quàn jūn gèng jìn yì bēi jiǔ xī chū yáng guān wú gù rén
劝君更尽一杯酒，西出阳关无故人。

使：出使。
浥：湿润，沾湿。
客舍：旅馆，小酒馆。
青青柳色新：一作“依依杨柳春”。青青，黑色，灰黑色。
更：再。
尽：一作“进”。喝尽，喝光。
故人：老朋友，以前的朋友。

这首诗的名字叫《送元二使安西》。首先说明这个朋友姓元，在家中排行老二，所以叫元二。其次这个朋友要去安西都护府当官了，安西在哪里呢？在今天的新疆维吾尔自治区的库车县附近。哇，从西安出发，到库车，那真是很远啊。王维送别这个朋友时写下了这首诗，后来这首诗被人谱上了曲子，传唱很广。成了琴曲和歌曲之后它还有几个名字，《阳

关三叠》《阳关曲》《渭城曲》。所以以后要是考试，老师说《渭城曲》你就背这首，《阳关曲》还是这首。可见当时有多少人喜欢这首诗，各种谱曲，各种唱啊。哈哈，王维真是牛人啊！

第一句第二句："渭城朝雨浥轻尘，客舍青青柳色新。"渭城就在长安的西北，渭水北岸，在唐代的时候，从长安往西去的人，多在渭城送别。一般的送别诗，都会有一种灰色的调子，比如高适的《别董大》，第一句就是"千里黄云白日曛"，但是这一首可不一样，诗人王维写的是：早晨下了一阵雨，天气晴朗，道路干净，连尘土都没有，客舍和旁边的柳树被雨水刷洗后，显得更加青翠。这两句诗给我们一个感觉，王维虽然是送别朋友，但是晴朗的天空，干净的道路，青青的客舍，翠绿的柳树，都让我们感觉这次送别不是那种黯然离去，而是充满希望的离别，是希望友人一切顺利的离别。

第三句第四句："劝君更尽一杯酒，西出阳关无故人。""阳关"是汉朝边关名，出塞必经关口，具体位置在甘肃省敦煌市西南。这首诗中王维要送的元二同学要去新疆那边当官，所以肯定得走阳关，这是古代丝绸之路南路必经的关口。这两句话的意思是：亲爱的朋友啊，再喝一杯送别的酒吧，要知道你往西边走，过了阳关，就再难见到老朋友了。

这首诗是送别诗中的精品，后面两句是名句，当年这首诗被很多人传唱，在盛唐时期的"歌曲排行榜"上，应该很多时候是排前几名的。

看到这里，你是不是和我一样，对王维产生了深深的敬意呢？他一辈子写了很多诗，幸运的是大部分都保留了下来。不像王之涣写了一辈子，才保留下六首。在王维留下的诗作中，还有一首我也特别喜欢，就是《使至塞上》，里面的名句是"大漠孤烟直，长河落日圆"。不过对这首诗的解释，有很多都属于学术问题，所以我只能尽我的能力给小朋友们讲清楚了，讲有趣了。因为这首小诗稍微有点难度，不像前面两首那么通俗易懂。

扫一扫，
听王芳为你读诗

shǐ zhì sài shàng
使至塞上

王维

dān chē yù wèn biān　shǔ guó guò jū yán
单车欲问边，属国过居延。
zhēng péng chū hàn sài　guī yàn rù hú tiān
征蓬出汉塞，归雁入胡天。
dà mò gū yān zhí　cháng hé luò rì yuán
大漠孤烟直，长河落日圆。
xiāo guān féng hòu jì　dū hù zài yān rán
萧关逢候骑，都护在燕然。

问边：到边疆地区访问察看。
出：出来，飘出（指蓬草随风的动作）。
归雁：雁是候鸟，春天北飞，秋天南行，当时的季节是春天，所以这里是指大雁北飞。
胡天：指西北地区，也就是胡人居住的地方。唐代常建《塞下曲四首·其四》：“因嫁单于怨在边，蛾眉万古葬胡天。”
大漠：大沙漠，指凉州以北的沙漠。
长河：大河，河流。指流经凉州（今甘肃武威）以北沙漠的一条内陆河，这条河在唐代叫马成河，疑即今石羊河。
都护：官名，设在边疆地区重要城市的都护府的最高长官，这里是指河西节度使。

前边我说过，王维在朝中做官多年，这一年啊，他被皇帝派到边疆去慰问那里的战士，路途遥远，而且艰苦，王维把自己在路上的所见所闻写了出来，《使至塞上》就是说自己奉命出使边塞。这首诗很出名啊，不过不知道为什么没有进入《唐诗三百首》。我一开始还不相信，翻了好几个版本，发现真的没有，不过这并不耽误这首诗千百年来被大家喜欢。

首联：“单车欲问边，属国过居延。”“单车”不是指自行车哈，那个年代还没有自行车，现代自行车是在王维所在时代1000年之后才发明出来的。这里的“单车”是指一辆车，说明我们的官员很节俭。“属国”这个词有争议了，大部分认为在这首诗中是一种官位的名称，代表那些出使边陲的使臣，这里指王维自己。“居延”是唐朝地名，就在现在甘肃省张掖县西北。如果按照这种版本翻译，这两句的意思是：“我”坐着一辆马车去慰问边疆战士，已经走过了居延。“属国”有第二种解释，很多时候说“属国”指古代中国的藩属国，他们一般由自己的领袖管理国家，但是需要向朝廷进贡，如果他们被攻打了求援，朝廷也会出兵帮忙。后人考证，王维这次去边疆不需要经过“居延”，所以这两句话的第二种解释就是：“我”乘坐一辆马车去慰问边疆战士，大唐的边疆辽阔，藩属国一直到居延以外。

颔联：“征蓬出汉塞，归雁入胡天。”这里的“蓬”是指蓬草，诗人用“蓬”和“雁”来比喻自己。因为这次王维到边疆，其实皇帝也是有用意的，想让他离开朝廷核心管理圈，就是想疏远他。王维多聪明啊，他肯定知道其中的内情，所以心里很苦闷。“胡天”是指胡人的领地，王维去的时候，已经被大唐朝打下来了。所以这两句话的意思就是：“我”像千里飞蓬一样飘出了汉塞，像北归的大雁一样来到了胡地。

颈联：“大漠孤烟直，长河落日圆。”这里的“孤烟”又有几种解释。一种说古代边防报警的时候烧的是狼粪，据说这样出来的烟很直，而且风吹不散，这样别的地方的战士很容易看到，而且狼粪易于保存，所以有个词叫“狼烟四起”，就是形容到处都是战争。另外一种解释就是在塞外，经常有一种旋风，吹来的时候像孤烟直起。还有一种说法，孤烟也有可能是唐朝打仗时使用的平安火冒的烟。“长河”一种说法是指黄河，还有一种说法是说经过这片沙漠的一条内陆河。不管哪种说法，小朋友们都可以想象一幅画面来解释这两句话：浩瀚的沙漠中孤烟直上，河边的落日浑圆美丽。

尾联：“萧关逢候骑，都护在燕然。”“萧关”就是一个关口的名字，在今天的宁夏回族自治区固原县东南面。“候骑”这个“骑”读“jì”，是唐朝的一个官职，就是类似今天部队中的通信兵，执行侦察和通信任务。“都护”也是一个官名，这里指河西节度使。“燕然”是一座山的名字，在今蒙古人民共和国境内的杭爱山，这里是借指边防前线。这两句话整体意思是：在萧关碰到了负责侦察通信的骑兵，他告诉“我”，统帅已经在前线指挥了。

这首诗是不是很美呢，即将进入战区，王维却用了他擅长的写景方法让这首边塞诗变得很美丽，甚至有凄美的感觉。

这三首诗，都是王维的得意之作，都是必背诗目啊，最重要的是里面有很多知识点。如果同学们觉得有点难，可以让爸爸妈妈看一遍再讲给你，共同学习，一起成长！

摄影 / 刘亮 汪正影业

行万里路

古人云："读万卷书，行万里路。"

你看唐代诗人，无论是李白、杜甫，还是王昌龄、孟浩然，都是既读了万卷书，又行了万里路的标准读书人。所以为什么唐诗是中国古典文学中最华丽的一章，就是因为这些诗人在行走的过程中，饱览了祖国的大好河山，所以他们的诗句才会那么准确和极致，让我们这些后人佩服得五体投地。

小的时候，我喜欢一个台湾作家，叫三毛，她写了很多随笔，而且走了很多地方。我迷上了她的文章，一遍遍地看，想自己将来一定要像她一样，去很多自然风光优美的地方。24 岁那年我有了一点点积蓄，当时最纠结的事情就是用这些钱买一个向往已久的名牌包呢，还是去遥远的国度旅行。

这么多年，我一直很庆幸自己当年的"英明"决定：世界那么大，我想去看看。第一次出远门是去美国，十几天的行程中我一直觉得自己是个"土老帽"，不是语言问题，而是思想差距。再加上当年是真正的穷游，花每一分钱都要算人民币汇率，看看自己能不能承受。有一次，我走迷路了，在一个海边步行了很久，找不到车站，突然闻到一股烤鸡的香味，我顺着味道就走过去了。一个美国大妈售卖在火上烤得香喷喷的鸡肉，我那口水啊一直往肚子里咽，一看价格15美元，也就是这烤鸡要150元人民币，太贵了。向前走又觉得肚子不答应，于是倒回去用我当时很不流利的英语问大妈："能不能给我半只？"大妈盯着我看了半天，问我："你很饿吧？好吧，卖给你半只！"胜利！我一个人跑到没人的地方，狼吞虎咽，啊，这真的是我这辈子吃过最香的烤鸡了。

还有一次，在一个大停车场，我把车停在了91区，每个区就十几个车位，特别好找，结果出来了却怎么都找不到了。最后惊动了好多人，大家一起帮我找，才发现其实是16区，在地上写的，我看反了。

路上有很多趣事和困难，但更多的是风景。

后来我有了一种生活观念，日常生活非常节俭，几乎不买东西，衣服什么的我经常一件能穿十几年，录节目我也是穿最普通的服装。我好像没有太多的名牌包、名牌服装，我几乎所有的积蓄都花在了路上。无论是国内还是国外，只要听说一个地方特美，我就开始各种查资料，然后一有假期就背上行囊出发了。就像此刻，写这篇文章的时候，我正在挪威北部溜达呢。这天晚上，我们住在了挪威峡湾1000多米高的山上。这是一个小木屋，透过小木屋的窗户正好可以看到月亮穿行在云海中，在月光的照耀下，竟然可以看得到云是一层一层的，薄厚不一样，所以透出的月光也是忽明忽暗，再加上峡湾还有水，映着月亮，那感觉真是犹如仙境。我的脑海里突然出现了那首李白的诗："明月出天山，苍茫云海间。"反复吟诵，感觉李白当年看到的景色应该就是我看到的这样。夜深了，坐在桌前开始写作，和大家分享这样的感受，真好！

我这几年更加深刻地理解了"读万卷书，行万里路"的深意，这些诗如果不是走出去看到类似的景色和情境，就不能百分之百地理解其中的意思，只有不断地行走，不断地学习，才能真正学以致用。

那接下来我就给同学们讲讲李白的这首《关山月》，也是他的代表作之一，十二句古诗，我们先来读诗：

扫一扫，
听王芳为你读诗

guān shān yuè
关山月

李白

míng yuè chū tiān shān, cāng máng yún hǎi jiān
明月出天山，苍茫云海间。

cháng fēng jǐ wàn lǐ, chuī dù yù mén guān
长风几万里，吹度玉门关。

hàn xià bái dēng dào, hú kuī qīng hǎi wān
汉下白登道，胡窥青海湾。

yóu lái zhēng zhàn dì, bú jiàn yǒu rén huán
由来征战地，不见有人还。

shù kè wàng biān sè, sī guī duō kǔ yán
戍客望边色，思归多苦颜。

gāo lóu dāng cǐ yè, tàn xī wèi yīng xián
高楼当此夜，叹息未应闲。

关山月：乐府旧题。《乐府古题要解》："'关山月'，伤离别也。"
下：出兵。
由来：从来。
戍客：驻守边塞的士兵。
苦颜：愁苦的容颜。
高楼：借指住在高楼中的戍客之妻。
未应闲：该是不会停止的。

这首诗是写边关战士和妻子互相思念的诗，表达了李白同学热爱和平、不希望国家动荡的思想。

前两句："明月出天山，苍茫云海间。"好有意境的诗句。"天山"要解释一下，就是"祁连山"，在今甘肃和青海之间。为什么李白在这里称祁连山是天山呢？是因为在汉代时，匈奴称"天"为"祁连"，所以祁连山本来也叫天山。天山在我国西部，应该是月落的地方，这里为什么说"明月出天山"呢？原来这是从征人的角度说的，征人戍守在天山之西，回首东望，所以看到的是明月从天山升起的景象。这两句话的意思是：一轮明月从祁连山升起，穿行在苍茫的云海间。其实大家可以想象一下，月亮从山后面升起来，因为云在走，月亮感觉忽明忽暗，四周静静的，好有感觉的一幅画面。

第三句第四句："长风几万里，吹度玉门关。"这里的"玉门关"我们说过很多次了，就是古代西行一个很重要的关口，这个关口在诗人的心里，相当于"祖国边塞的大门"。这两句话的意思是：浩荡的风啊，你吹过了几万里，一直吹到了战士们驻守的玉门关。前面四句看似是写景，"关""山""月""风"，其实是在衬托情，我猜想李白是从边关战士们的眼睛出发看到的这一切，战士们一直很艰苦，思念亲人，看到关内的一切，都会涌出浓浓的思乡情。

后面四句有故事了："汉下白登道，胡窥青海湾。由来征战地，不见有人还。""汉下白登道"讲的是汉高祖刘邦当年在白登山被包围七天七夜的故事，史称"白登之围"。背诵《朝代歌》，我们会知道，秦之后就是两汉，西汉在前，西汉的第一位皇帝是刘邦。刘邦夺得帝位之后，北部边疆经常受到匈奴的侵扰。当时匈奴的领袖叫冒顿，读音 mò dú，是个很厉害的匈奴领袖，他带领匈奴人东征西战，把地盘扩大了很多。

相传冒顿是个狠毒的人，当年他当上首领是用了一个计谋把自己的父亲给射杀了。当时匈奴旁边也有一个部落叫月氏（读 yuè zhī），父亲把冒顿送到那个部落去当人质。我猜想，是不是那个时候父亲就不是特别喜欢冒顿呢？当然只是猜想，这个冒顿很厉害，偷了一匹马跑回来了。父亲一看，这小子很厉害啊，于是就给了他一些人马，让他带队伍。有了兵权的冒顿在他的部队中开始苦练本领，制造了一种叫鸣镝的武器，就是响箭。然后他开始训练他的手下按照他的指令射杀目标。就是他射什么，手下就跟着射什么，如果不听指令，就会被杀死。他首先射杀鸟兽，身边的人如果不出箭就会被杀。之后他射杀了自己的良马，左右的人有不敢跟的，都被他杀了。又过了些日子，冒顿射杀了自己心爱的妻子，哎呀妈呀，太吓人了，手下的人有感到恐惧的，不敢射杀，都被冒顿给杀了。后来，有一次他带着手下人和他的父亲一起去打猎，中途他突然向父亲的头颅射箭，手下人都跟着射向他父亲，也就是当时的匈奴首领。估计他的父亲打死也想不到这个儿子这样狠毒。

于是，冒顿当上了新的首领，就是冒顿单于。

冒顿当上匈奴首领之后，让大汉朝的北方更难管理了。当时汉高祖刘邦的一个诸侯王韩王信，领地总是被匈奴侵扰，韩王信就屡次向匈奴求和。汉高祖刘邦认为韩王信有外心了，于是在公元前 200 年，自己带着 30 多万大军北上。韩王信怕自己有生命危险，干脆投奔匈奴了。刘邦这下真的生气了，和匈奴开打。最初刘邦很厉害，总是赢，于是他有点小骄傲，也轻敌了，觉得自己战无不胜。

对面的冒顿也不是吃素的，一辈子南征北战，这次一看刘邦来势汹汹，用了个小计谋。刘邦的先遣大将去看情况的时候，冒顿把老弱病残都弄出来给人一种假象，仿佛兵力不行。刘邦很开心，决定继续进攻，手下刘敬劝刘邦不要冒进，刘邦还笑话刘敬胆小，把刘敬拘禁起来。汉高祖自己率兵进入白登山，没想到进入了冒顿的包围圈，刘邦发现被包围后几次突围，都失败了。当时正是隆冬季节，好多战士的手指头都被冻掉了。刘邦和他的部队被匈奴围困了七天七夜，基本上是危在旦夕。当时刘邦身边跟着不少人，包括陈平，陈平是帮助刘邦打天下的人，跟着他出生入死好多次，这次关键时刻又是陈平救了刘邦。陈平发现冒顿和他新娶的妻子关系很好，每天出入成双，于是派人拿了不少财宝去悄悄地见了冒顿的妻子。贡献了很多财宝之后，还说，汉朝皇帝有美女送给冒顿。这位妻子一听还有美女，心想："算了，让他们走吧，可不能让他们给我丈夫送美女，要不我可能就失去宠爱了。"于是冒顿的妻子做工作，让冒顿放刘邦一马，还说听到了消息，汉军的救援大军马上到。冒顿真的听了妻子的建议，刘邦才从白登山逃了出来，真是九死一生，这就是历史上的"白登之围"。

"汉下白登道，胡窥青海湾。由来征战地，不见有人还。"意思就是汉高祖刘邦曾被匈奴在白登山围困了七天七夜，而青海湾一带，则是唐军与吐蕃连年征战之地。这种历年无休止的战争，使这些出来征战的战士，几乎见不到有人生还故乡。

最后四句："戍客望边色，思归多苦颜。高楼当此夜，叹息未应闲。"这四句话是在前面广阔的征战场面的衬托下，回到战士们的心理描写。"望边色"似乎是用李白之笔，把那幅万里边塞图和征战的景象与"戍客"联系起来了。这四句话的意思是：战士们望着历代征战之地，非常思念家乡，不禁愁容满面。他们在推想自己家中高楼上的妻子，在这样苍茫的月夜中，叹息之声应当是不会停止的。

在这样的夜晚，我看着窗外的美好月色，写下了这篇文章，多希望我的女儿和所有的小朋友都能在我的身边，和我一起感受这唐诗的魅力和大自然的魅力。亲爱的同学们，你们理解这首诗了吗？

摄影 / 刘亮 汪正影业

润物细无声

在上一本书《最好的方法给孩子》签售的时候，我最喜欢给大家签的就是这五个字：润物细无声，这也是我认为在教育中最重要的五个字。

什么是“润物细无声”？就是说雨水滋润万物是悄悄地来，慢慢地走，在人们酣睡的夜晚就把万物润泽了。同学们，我们的学习也是这样的，一切都是在悄悄地进行。你今天多看了一个字，多背了一首诗，多读了一篇英文，今晚看不出变化，但是日积月累，你就会发现，学习很简单了。因为知识“滋润”你这棵小苗是无声无息的，慢慢地你茁壮成长了。

其实这篇文章我特别希望同学们推荐给爸爸妈妈读，因为很多父母都比较着急，恨不得让孩子一天之内学会所有的东西，永远在看别人家的孩子，而忘记自己错过了很多“润物细无声”的机会。

和大家分享一下我和女儿的学习经历。

我女儿小学二年级的时候，学习非常吃力，语文考试有过不及格。我当时看着那三个字，真的要崩溃了。我从小学习优秀，以为这个东西会遗传，哈哈，结果女儿给我来了个意想不到。从那个时候起，我开始重视她的学习，我觉得满分并不重要，但是考太差代表她并没有掌握这些知识。我给女儿制定了一个战略，学习语文的战略。我的战略就是搞定古诗词和作文，语文就 OK 了，当时八岁的婉儿看着我很迷惑，好像在问我："这行吗？"

我们开始大量接触古诗词和古文，第一首是《陋室铭》，女儿用一顿饭的时间就背会了。我发现背诵确实可以提高人的自信，自从背会《陋室铭》以后，以前不爱展示的女儿在大家聚会的时候，喜欢展示了，得到的肯定多了，就更加喜欢背诵。一年多的时间里，她背诵了将近 100 首作品，其中不乏《琵琶行》这样的长篇。每次背诵之前我都是拿出一段时间给她讲解各种社会背景，诗人当时的心情，一句一句地分析，然后再开始背诵。同学们一定要记得，背诵的前提是理解，不理解上来就干背，这样的背诵记忆不长久，而且事倍功半。就是你费了很大的劲，收获很小，这个也算是学唐诗的窍门吧。背诵的好处太多了，比如阅读理解提高一大截，注意力比以前不知道好了多少，还有自信会大大提升。

第二步，我们开始攻克作文，这个我真的快吐血了，因为不抓不知道，一抓才发现她的基础太差。写一篇 100 多字的小日记，差不多有 80 个字不会写，几乎是写一个字问一个字，我的小心脏啊，太受不了了。我一直提醒自己耐心、耐心，有的时候真的快搂不住火了，昨天刚教的，今天忘得干干净净。那个时候我们用了很多窍门，婉儿的语言表达不错，每次写作文的时候，我就让她先说，然后给她录下来，再听，熟练，心中有数再下笔。半年过去了，她的作文还是那样，基本没什么变化，不断地查字典，不断地问，生字太多。

我当时都开始怀疑自己了，难道是我的方法出了问题？

但是，我还是坚持了，一点点地影响她，我坚信"润物细无声"。

到了婉儿四年级，突然有一天，我看到了她写的作文，吃了一惊，比我想象的好太多了。我很惊诧地问她："这是你写的？"她骄傲地点点头，说在学校写的。这篇作文得了优加三星，婉儿也很激动，之后她的作文一直在班上比较突出。天哪，我太兴奋了，因为坚持了两年，总算看到收获了。婉儿的中英文阅读理解都不错，“润物细无声”有作用了。

所以我想通过这个例子和同学们说，哪个科目不够强大，真的不要放弃，坚持每天学一点，量变到质变，你会发现自己强大了。没有一个本领是可以一蹴而就的，都需要一点点努力，一点点收获。

“润物细无声”这么好的语言是谁说的啊，哈哈，是著名的杜甫。

在我的《最好的方法读唐诗》的第二册中会大篇幅地讲杜甫，因为他和李白一样，也是唐朝最伟大的诗人，被称作是“诗圣”。杜甫比李白小 11 岁，别小看这 11 岁，时代背景就变化很大了。因为李白大部分时间是在盛唐，“安史之乱”开始的时候，李白已经 50 多岁，大部分人生过去了，而杜甫却赶上了更多的兵荒马乱的年代，所以杜甫更加深沉。

今天我们先来了解一首杜甫的诗《春夜喜雨》，杜甫的诗我很喜欢，大部分诗比较凝重、伤感，不过这首诗不一样，看得出来，写这首诗的时候杜甫心情不错，下笔轻松。

扫一扫，
听王芳为你读诗

chūn yè xǐ yǔ

春夜喜雨

杜甫

hǎo yǔ zhī shí jié, dāng chūn nǎi fā shēng
好雨知时节，当春乃发生。

suí fēng qián rù yè, rùn wù xì wú shēng
随风潜入夜，润物细无声。

yě jìng yún jù hēi, jiāng chuán huǒ dú míng
野径云俱黑，江船火独明。

xiǎo kàn hóng shī chù, huā zhòng jǐn guān chéng
晓看红湿处，花重锦官城。

好雨：春雨。
乃：马上，即，就。
发生：催发植物的生长，使植物萌发生长。春天是植物生长的季节。《尔雅·释天》：“春为发生。”
潜：悄悄地、暗暗地。
润物：滋润植物，使植物得到雨水的滋润。
俱：都，全。
江船：江上的渔船。
独：只有，独自。

这首诗大概写于杜甫50岁那一年，当时因为“安史之乱”再加上陕西旱灾，他辗转到四川定居，开始了他这一辈子难得的一段安静、祥和的生活。这段时间将近四年，杜甫和当地农民一起劳作，一起生活。后来人们把杜甫生活过的这个地方称作“杜甫草堂”，直到今天依旧是成都的一个著名旅游景点。

这首诗的名字已经说明了时间：春天的夜里，来了一场及时雨，很让人开心。

首联是名句：“好雨知时节，当春乃发生。”“知”就是知道、明白的意思。这句话采用了拟人的手法，把雨当成了人一样看待。意思是说好雨啊，你似乎会挑选时辰，降临在万物萌生的春天。

颔联：“随风潜入夜，润物细无声。”这两句也是千古名句，注意“潜”的读音是二声。这两句话说明这场雨是那种和风细雨的感觉，一定不是狂风暴雨，和夏天的雷阵雨不一样。正因为是和风细雨所以作者在这首诗的名字上就用了“喜”字，代表了大家的心情，很欢迎这场雨。这两句也是拟人手法，意思是雨伴着风悄悄在夜里来了，细细密密地滋润着大地万物。

颈联：“野径云俱黑，江船火独明。”“野径”是指田野间的小路。这两句话是在写春雨背景之下看到的景色。意思是：浓浓的乌云，笼罩着田间小路；点点的灯火，在江中的渔船上闪烁。可以想象当时杜甫四下看看，江面看不到了，地面是黑黑的，小路也辨不清，只有远处渔船上的灯火是明亮的。

尾联：“晓看红湿处，花重锦官城。”“晓”就是指拂晓，天刚亮的时候。“红湿处”就是指被雨水滋润之后的花丛。“花重”，这个需要有一定的生活经验，花因为饱含雨水而显得沉重。“锦官城”就是指成都，成都为什么叫“锦官城”呢？这是因为在三国蜀汉时期，成都是中国的织锦中心，美丽的蜀锦畅销全国，朝廷也很重视，专门在成都设置了锦官管理，驻地称锦官城，后来就渐渐地成为了成都的别称。这两句话的意思是：明天早晨看这些带着露水的鲜花，相信成都满城都是繁花似锦。

好了同学们，我们详细讲解了一下《春夜喜雨》，大家一定要背下来，因为这也是杜甫的代表作。一转眼，这已经是这本书的最后一篇文章了。这一段时间，王芳阿姨和你们一起畅游在唐诗中，真是非常荣幸。当你们看到这本书的时候，我正在奋笔疾书写第二本呢。我特别希望经过我和大家的共同努力，让中国的唐诗被更多人喜欢，让同学们都掌握学习的好方法。

再见啦，下一本，我们继续约会！

摄影 / 刘亮 汪正影业

后　记

今天是印刷前最后一次校对了，我看着满桌的稿件，心中感慨万千，这几个月来的艰辛和快乐，一幕幕在眼前飘过。我一直有一个梦想，让更多孩子因为我而爱上历史、地理、唐诗，所以这几年来我一直在研究，什么样的语言孩子更喜欢，讲得更清楚，还得避免太深奥。任何知识只有感兴趣了，才有可能主动学习，我希望，我就是孩子们的兴趣启蒙老师。

当然，毕竟书中有大量的知识点，即使看了很多遍，我依然忐忑不安，总怕出错。所以我也做好了准备，随时学习，有问题及时调整，愿意和大家一起学习，一起研究，一起成长。

这本书的出版过程中，我不断请教专家，他们也无私地给了我许多建议，出了很多点子。在此感谢北京师范大学古代文学研究所李小龙副教授、西北大学赵光义硕士、北京市海淀区教师进修学校附属实验学校孙蓝田老师，还有我的语文老师杨长胜老师、中国传媒大学云贵彬老师。很多次我写不下去了，是他们和辣妈们坚定地鼓励我，最后才有了这本拙作。

还要感谢出版社的莉莉，她一直陪着我查资料改文章，超级敬业，整个十一长假，每个夜晚都是我俩一起挑灯夜战。感谢编辑张旭、常秋井对此书的辛苦付出。

最后，还要谢谢我的第一读者：爸妈和女儿。每篇文章他们都是第一时间阅读，好多个夜晚，一家人趴在桌前研究唐诗，那个场面我会一直记得。

你们让我有了努力的动力，让我写作的过程充满了幸福！

我将继续努力，谢谢大家！

王芳于 2016 年深秋 北京

摄影 / 刘亮 汪正影业

图书在版编目（CIP）数据

最好的方法读唐诗 / 王芳著 . 一北京 ： 东方出版社， 2016.10
ISBN 978-7-5060-9285-2

Ⅰ . ①最… Ⅱ . ①王… Ⅲ . ①儿童教育－家庭教育 Ⅳ . ① G78

中国版本图书馆 CIP 数据核字（2016）第 242733 号

最好的方法读唐诗
（ZUIHAO DE FANGFA DU TANGSHI）

作　　者：王　芳
策　　划：王莉莉
产品经理：张　旭
责任编辑：王莉莉　张　旭
出　　版：东方出版社
发　　行：人民东方出版传媒有限公司
地　　址：北京市西城区北三环中路 6 号
邮政编码：100120
印　　刷：鸿博昊天科技有限公司
版　　次：2016 年 11 月第 1 版
印　　次：2022 年 7 月第 14 次印刷
印　　数：407 001—427 000 册
开　　本：720 毫米 ×960 毫米 1/16
印　　张：16
字　　数：200 千字
书　　号：ISBN 978-7-5060-9285-2
定　　价：39.80 元
发行电话：（010）85924663 85924644 85924641